图解 精益制造058

现场改善秒懂秘籍 流动化

ナットク現場改善シリーズよくわかる「流れ化」の本

[日] 茂木一雄 著
陶俊平 译

人民东方出版传媒
People's Oriental Publishing & Media
東方出版社
The Oriental Press

/前　言/

周期缩短，库存减少，工厂变得空旷了。客户来到工厂总是会担心地说："最近，是不是业务少了？"实际上，接单数量比前一年增加了20%。然而，去年产生了相当数量的加班。今年，虽然业务量增加了，但加班反而接近于零。不知道到底是什么原因，流动顺畅了，盈利大增……有这样感受的公司何止一家。

都在说流动化可以增加盈利，为什么能增加盈利呢？除了周期缩短、库存减少，还有什么作用，却鲜为人知。本书将通过事例介绍来说明流动化的作用。好多公司虽然推进了流动化，却因不去关注成果，而没能总结、利用那些成果，这是非常可惜的。

那么，怎样实现流动化呢？本书将从"流动的稳定化"和"流动的快速化"两个方面，及实际的实施步骤进行说明。流动化是通过上述两个方面相互作用、滚动推进的。然后，在推进流动的快速化时，会遇到什么样的问题、有什么好的解决办法，这里也将通过实际案例进行介绍。

再者，鉴于最近环境对制造业的影响，不仅要在现场改善，还要考虑如何在生产计划的制订阶段，让流动更顺畅；也不仅是要满足客户快速交付的要求，还要考虑在接单数量变化时如何更好地保证流动不被破坏，今后还会碰到更重要的改善课题。

本书以各类企业在实际推进流动化时的案例为基础，以体系化的形式进行叙述。本书不是理论性的书，而是一本现场管理者与一般员工学习用的教材，旨在成为一本指导实践的教材。

本书如果能有助于重视流动化的魅力与效果、有助于对流动化进行再认识、人才培养及在实践中发挥作用，笔者将不胜荣幸。

本书在撰写过程中，得到了很多人士的支持。特别要感谢的是为本书提供案例与照片的各企业人士、给予建议与鼓励的日刊工业新闻社的野崎伸一先生、为本书的撰写创造良好环境的秘书奥津昌子女士、大崎陵子女士。

茂木一雄

2009 年 1 月

/目　录/

第1章

为什么现在要推行流动化

1-1 // 什么是流动化

流动化是指：

①让产品以稳定的速度（周期）生产出来；

②使其速度加快（缩短其周期）。

从着手生产到完工为止，即产品的生产周期（生产周期）= 生产时间+停滞时间。往往生产时间只占生产周期的很小一部分，停滞时间却占据了绝大部分。举例：我们为了生产一个产品，加工时间为 2 分钟、组装为 10 分钟、检查为 3 分钟、出货作业为 5 分钟，则生产时间只需要 20 分钟，而实际上从着手生产到出货作业完成为止的时间如果是 5 天，生产周期为：5

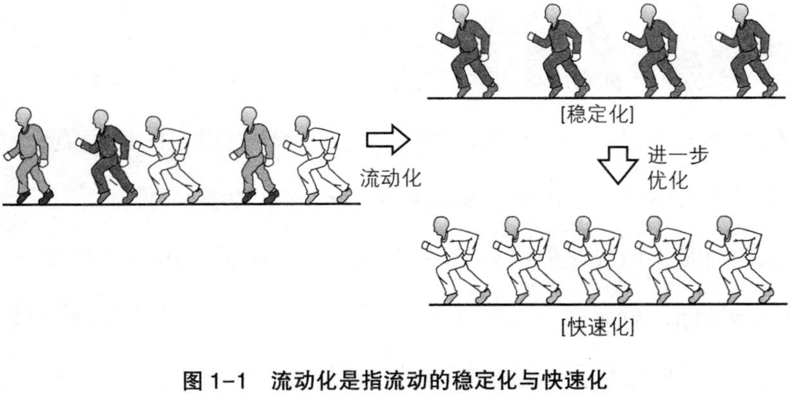

图 1-1　流动化是指流动的稳定化与快速化

天×24 小时/天=120 小时。这 120 小时内，生产时间为 20 分钟，只占到生产周期的 0.28%，剩余的 119 小时 40 分钟都是停滞时间。

工厂中就像这样，产品的生产时间只占极小一部分，绝大多数时间里产品是处于停滞状态的（以库存的形式存放着）。因此，为了让“物品以稳定的速度流动”，可以把停滞时间固定下来。要加快速度，与其加快生产速度，不如缩短停滞时间（减少库存）（图 1-2）。

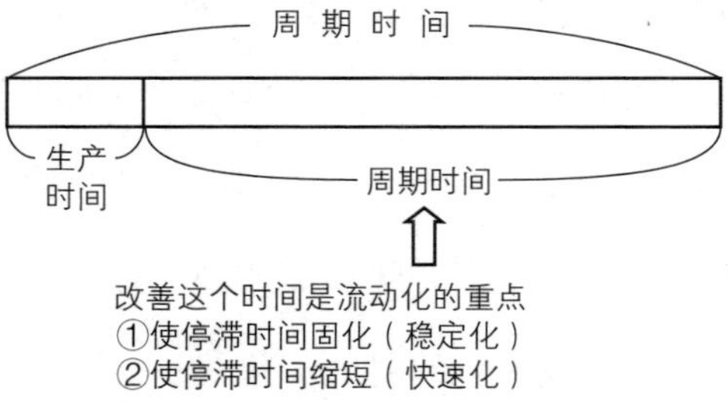

图 1-2　流动时间是由停滞时间决定的

“以稳定的速度流动”，关系到各类成本的下降。然而，受到复杂的环境影响，与之前相比，让物品“以稳定的速度流动”变得越来越困难。因此，就需要采取措施（改善）了。

同时，加快速度可以进一步促进成本降低，因此要削减库存。另外，短交期应对能力的增强，还能起到提升销售额的作用。当前的环境下，这种作用必将产生更大的效果。

1-2 // 一成不变导致公司倒闭

不管什么样的改善，一定要根据基础，在当时的环境下，明确目的、设定目标，还应明确为达成而必须解决的课题。以前获得过成果的改善项目，随着环境的变化，必须进一步改善。因此，我们必须始终把握、理解自己所处的环境。

多少年来一直不断成长的公司有时也会突然倒闭。倒闭原因更多的是“没有变化”。虽然社会在改变，“我们公司还是赚钱的”“至今为止就是靠这个成功的”等情形阻碍了改善的深入，等到发现问题，就已经落后于社会，并开始迈向倒闭了。

企业周围的环境是不断变化着的。企业如果不跟随环境而改变，将无法继续生存。企业必须成为“环境适应业”（图 1-3）。

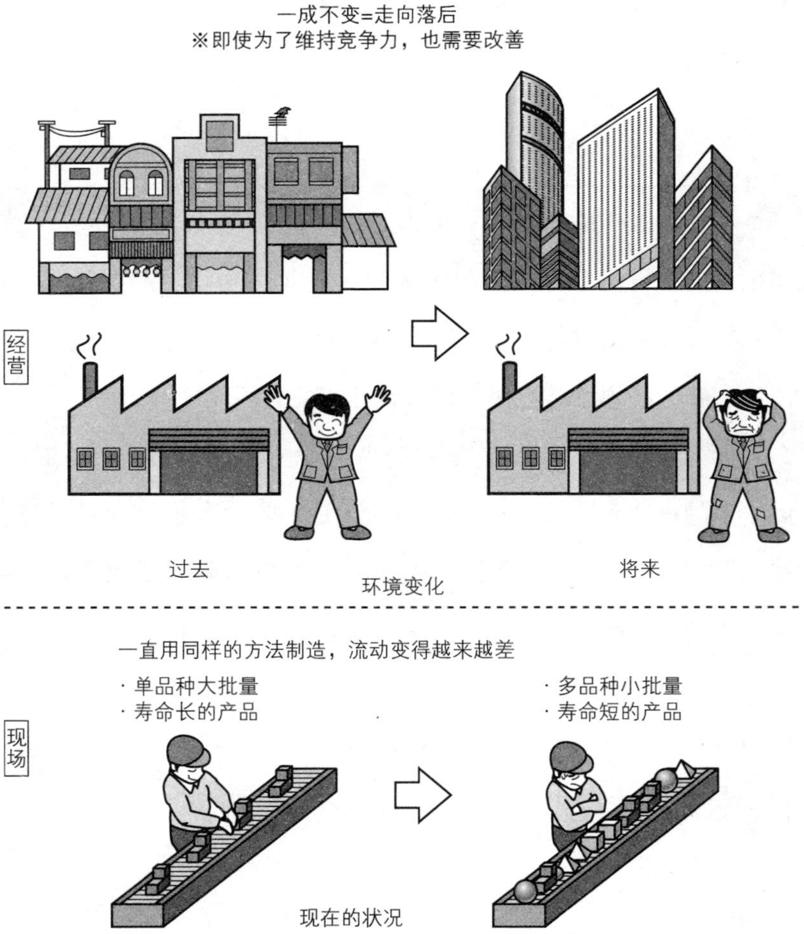

图 1-3　企业是环境适应业（环境变化了，改善课题也要变）

1-3 // 生产现场的周围环境

那么，我们的制造现场是什么样的呢？我们周围的环境与10 年前、5 年前相比已经发生了变化，如果采用与当时同样的制造方法，就不能适应环境，即：没有进行改变（图 1-4）。

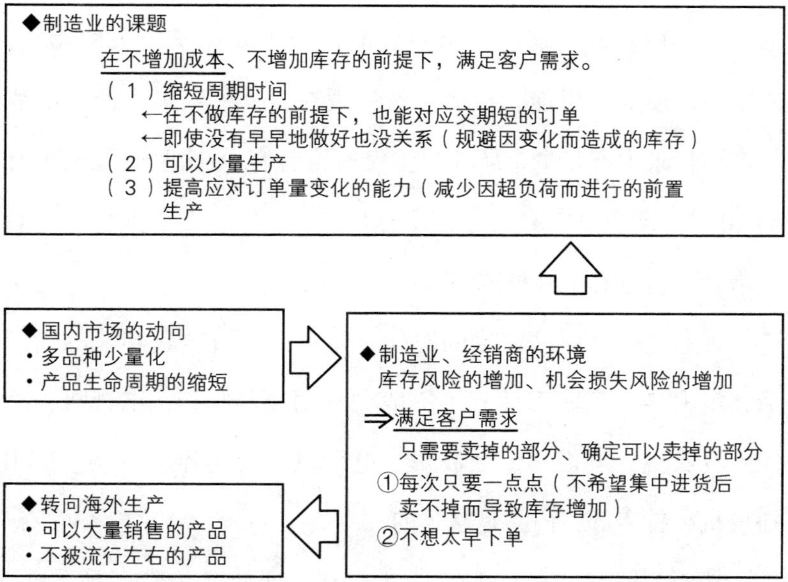

图 1-4　当前制造业所处的环境与课题

（1）多品种少量化

日本国内很多工厂都在推进多品种少量化。多品种少量化是指很多的品种每次少量地下单、生产、出货的情形。为什么要推进多品种少量化？这也是受社会环境影响的结果。

战后复兴期，商品供应不足，那个年代，只要能做出来就能卖出去。因此，制作者即使大量生产同样的商品也能卖得出去。

当时，冰箱、洗衣机等被称作“白色家电”。因为那些产品基本都是白色的。那是一个只要能做出来就能卖出去的年代，所以，即使这样也能卖出去。然而现在，一些家电生产商的冰箱产品目录中有多少个品种呢？仅规格就有10来种，颜色也有5~10种。颜色不仅有白色，还有灰、蓝、绿、黄等颜色。二者相乘合计将近有100种冰箱被印在产品目录上。

现在是一个商品富足的时代。先不说拥有全新功能的新产品，绝大多数家庭都拥有了一般的日用商品，如：电视机、冰箱、洗衣机、电饭锅、微波炉、电话机、吸尘器、空调、DVD播放机、钟表等，商品是富足的。

然而，即使这样，人们还在购买。即使已经有了还要买。为什么这样呢？那是因为购买的理由与以前不一样了。在商品短缺的年代，是因为商品自身所拥有的功能，例如：购买钟是因为能知道时间。但是，现在不仅是那样，人们为了追求商品的功能及其附带价值而购买商品，如有时因为考虑房间的格调而购买红色的钟；有时喜欢戴薄型的手表等情况。人们需求的不仅是计时的功能，还有其他的，根据各自的喜好、品位来购买商品。不同的人有不同的喜好和品位。有喜欢红色的，也有喜欢蓝色的。如果商品不能符合消费者的喜好与品味就卖不出去。因此，制造商必须生产各种各样的商品。

在市场规模不变的前提下，销售商品的品种增加了，当然就导致每种产品的数量减少。因此，少量化就形成了。

“因为我们的工厂是多品种小批量……”听到这样的话，紧接着就有“所以改善很困难”这样的话。

在只要做出来就不愁卖的年代，因为持续做同样的产品，基本没有工程管理，产品也能比较稳定地持续生产出来，流动很顺畅。

但是，随着品种的增加，不得不对各种产品的生产顺序、生产单位数量等实施管理，流动变得复杂化了。如果不能熟练地对流动进行改善和管理，流动就会出现停顿、不再稳定，速度也会慢下来。

虽然想根据小批量订单实现无停顿生产，但换型的次数会增加。如果想要不增加换型次数，采用集中生产，那么就要增加库存，结果流动就恶化了。

在这样的环境下，仍然沿用以前的方法进行生产、管理，是流动性恶化的一个方面。要使流动稳定、流动的速度加快，就必须付出至今为止更大的努力才行。

(2) 产品生命周期的短期化

在这个商品富足的时代，企业在有限的市场范围内，为了让消费者多买一点自己生产的产品，不断地投入新产品的开发。另一方面，滞销的老产品，从上市到停止生产的时间周期也比以前短了。

电脑、手机的新系列机型每半年到一年就要投入一次。即使总的机型种数没有增加，相同的机型种数也在消失。

换个话题，好多年前工厂就开始向海外转移，其结果产生了国内工厂“空洞化”的说法，但其实不是这样的。为什么这么说呢?

在超市季节性打折时，可以看到挂着“一律1000日元”招牌的销售活动。并不是因为采购价便宜才只卖1000日元，总的来说，很多情况是将卖剩下的商品进行集中销售。然而，销售价3900日元的商品购入价是2500日元，以1000日元销售，则亏损1500日元。当然，如果卖不掉，报废的话，那就是损失2500日元了。无论如何，只要有滞销，就会引起重大的损失。“与其以2500日元采购造成滞销，不如以3000日元采购而全部销售完毕来得划算”，从事超市业务的Z公司早就注意到了这一点。不管有多便宜，大量采购，最后有卖剩的就会发生损失。因此，按每周卖掉的数量在下周补货。就是说只采取按卖掉的数量（少量分批）、以短的周期采购的做法。这样的话，从海外采购就来不及了。如果不能从附近工厂采购，就无法实现短周期补货了。如果一定要从海外工厂采购，那么，就需要一定程度的集中化采购了。从附近（国内）工厂少量分批采购的话，虽然价格高一点，但没有卖剩的了，总的算下来还是划算的。

另外，海外采购由于采购周期比较长，还容易造成机会损失（消费者想买，但没有货的情况）。

从海外采购了正在流行的红色产品，流行色却变成了蓝色，红色就变成了卖不出去的库存，想要卖蓝色的产品，但还没有到货，没法卖。好不容易要到货了，这时，又流行黄色的了……容易受流行左右的商品，不但容易造成死库存，还容易造成机会损失。

像这样对流行敏感的商品市场上，能够提供多品种、少量化、短交期的工厂是不可或缺的。这本身就是一种竞争力。因此，作为日本国内从事制造业的我们不得不迎合日本国内多品种、少量化和短交期的消费者的需求。如果不是这样的商品，即大量生产也能卖得出去、交期很长也没关系的商品，在不久的将来很有可能会转移到海外生产。

【专栏 1】

在国内没有竞争力的工厂，到海外发展也没法盈利

某地方的电子部件制造商 B 公司是采购方、大型家电制造商 A 公司旗下的从事制造的企业。这家大型家电制造商 A 公司在听取电子部件制造商 B 公司的期望后，以一定的集中量、一定的交货期让 B 公司生产部件。

过了一段时间后，A 公司设立了降低成本、压缩库存的课题，要求 B 公司进行少量、短交期的交付。但 B 公司没有这样的经验，也没有这样的能力，无法实现。无法应对国内市场的少量化与短交期的 B 公司只能承揽大批量、长交期的部件生产，与海外工厂进行竞争。然而，因为日本工厂高昂的劳务费用，一般的改善努力是不足以和海外竞争的。不久，B 公司受 A 公司邀请，一起到海外建立工厂，开始在海外生产。但是，在国内没有竞争力的 B 公司，到了海外也是落后的。海外也有很多从日本过去的工厂，那里也有激烈的竞争。

(3) 制造业、零售业客户的环境及其对我们的影响

像这样的多品种、少量化和短交期的应对，不仅是针对我们的，我们的客户（制造商、零售商）也面临着同样的课题。

零售商必须在听取顾客各种各样的期望后进行商品的销售，

必须准备多品种的销售。从我们这儿购买部件的成品制造商也必须听从他们的客户，即零售商的需求，进行成品的制造。结果就走向了多品种、少量化。

零售商不愿意有滞销商品、拥有大量的库存。因此，客户来店订购商品时，希望能向成品制造商紧急下单，制造商要快速交付。成品制造商也同样不愿意做库存。所以，来了紧急订单后，紧急采购、生产来进行应对。受此影响，部件生产商的紧急订单也就多了起来。

这样的客户的要求是：

①每次只要一点点（集中采购，如果卖不掉就会变成库存）

②不愿意过早下采购订单（不愿意产生因变更而滞销的库存）

像这样的短交期主要是针对受流行影响的商品制造，以及为这类商品提供原材料、部件的公司。最近，客户在这方面的要求越来越强烈，也就成为我们的课题。

通过增加库存也能应对短交期。但这不是本质上的改善。这一部分库存也增加了公司的成本。要在不增加库存的情况下，应对短交期，只有通过加快流动速度来实现。

（4）蜂拥而至的订单量的波动

零售商、批发商都不愿意拥有库存，顾客消费量的波动

(变动) 就只能由制造商直接来吸收了 (图 1–5)。至今为止的顾客需求量的变动都是由零售商、批发商来吸收的。顾客每周买 1000 个也好、每周买 3000 个也好，这个波动都通过库存来吸收。制造商只要按每周生产 2000 个进行平均化即可。但是如果作为吸收波动的材料，即：库存没有的话，这个波浪就直接涌

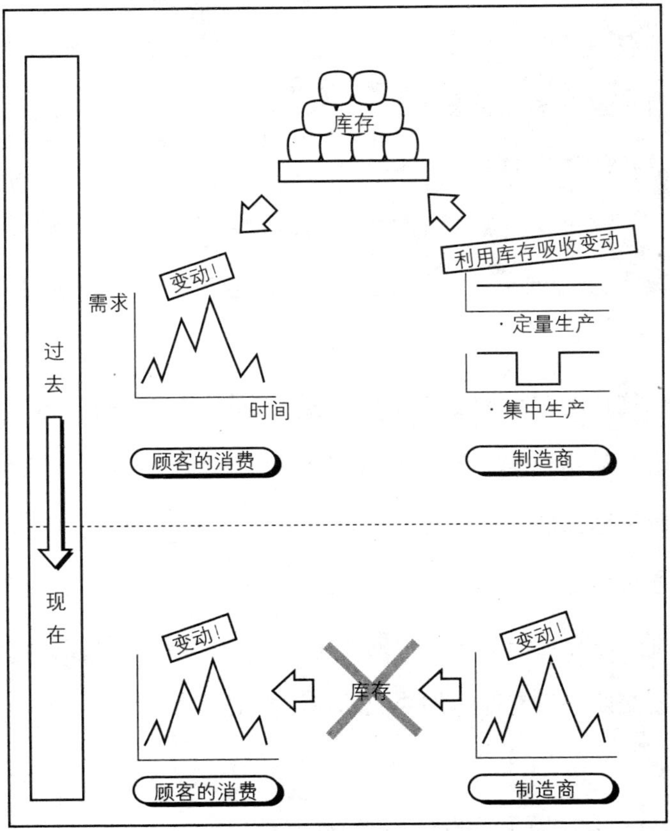

图 1–5　理由 1：市场库存减少后，消费量的波动就跑到制造商这里了

到制造商这里了。也就是说，工厂接到的订单变成忽而每周1000个，忽而每周3000个。

像这样订单量变化很大的情况，有的工厂以前就有了。这时，按每周2000个进行平均化，即：3000个的订单中，1000个进行前置生产，然后2000个、2000个地生产。但这时就多出来1000个的库存了。在这个订单变更、取消的高风险时代，应尽力规避前置生产而产生的库存。

要达到这样的要求，制造商必须根据变动来进行生产。不仅如此，短交期化也在加速发展。接单生产的情况下，接到订单到交付为止的时间越长，其间波动通过前置生产来吸收、实行平均化生产的可能性越大。例如，接单后要求7周内交付的产品，第1周接单、第8周出货，应该计算过吧，第5~8周的生产负荷超出最大生产能力，第1~4周如果能力有富余，可以在这几周进行前置生产（虽然会产生库存）。

但是，现在要求接单后3周内必须出货。像这样的客户要求在不断增加。第8周出货的订单，至少要到第5周才能确定。订单确定后，如果第5~8周的生产负荷超出最大生产能力，原来实行前置的第1~4周已经过去了，就没法前置了。超过最大生产能力的部分，尽管努力了，也还是要延期交付。交期延迟后可能引起订单的取消。

同时，第1~4周又变得很空，员工来公司，还要付工资，工作量没有达到100%。没有生产，仍旧支付人工费用，离亏损就不远了。

像这样的接单至交付的周期缩短了，前置生产的可能性以及合理利用业务淡季的机会都将减少（图1-6）。

为了追求流动的速度，供应链管理（SCM）等手法曾流行一时。供应链管理的思路是：从原材料生产商到部件生产商、成品生产商、批发商及零售商为止，必要的产品在必要的时候按必要的量生产、流动。

但是，以SCM名义推进的主要是为及时把握销售情况的信息系统。让人啼笑皆非的是，随着这种系统的推进，制造业（生产者）的库存变得越来越膨大。这种信息在不进行制造的批发商那里是有用的。但制造业不是这样的。接单信息虽然略有提前，但是如果生产自身的周期不缩短，目前为止的库存基本不会改变。不仅如此，原来由批发商、零售商持有的用于吸收变动的库存部分，制造企业如果不能根据变化来实行灵活生产，就需要自己来做库存吸收变动（图1-7）。

即使掌握了销售的信息，如果按销售进行生产的制造方法本身的改善不能实现的话，对制造业而言，这样的信息系统是没有用的。

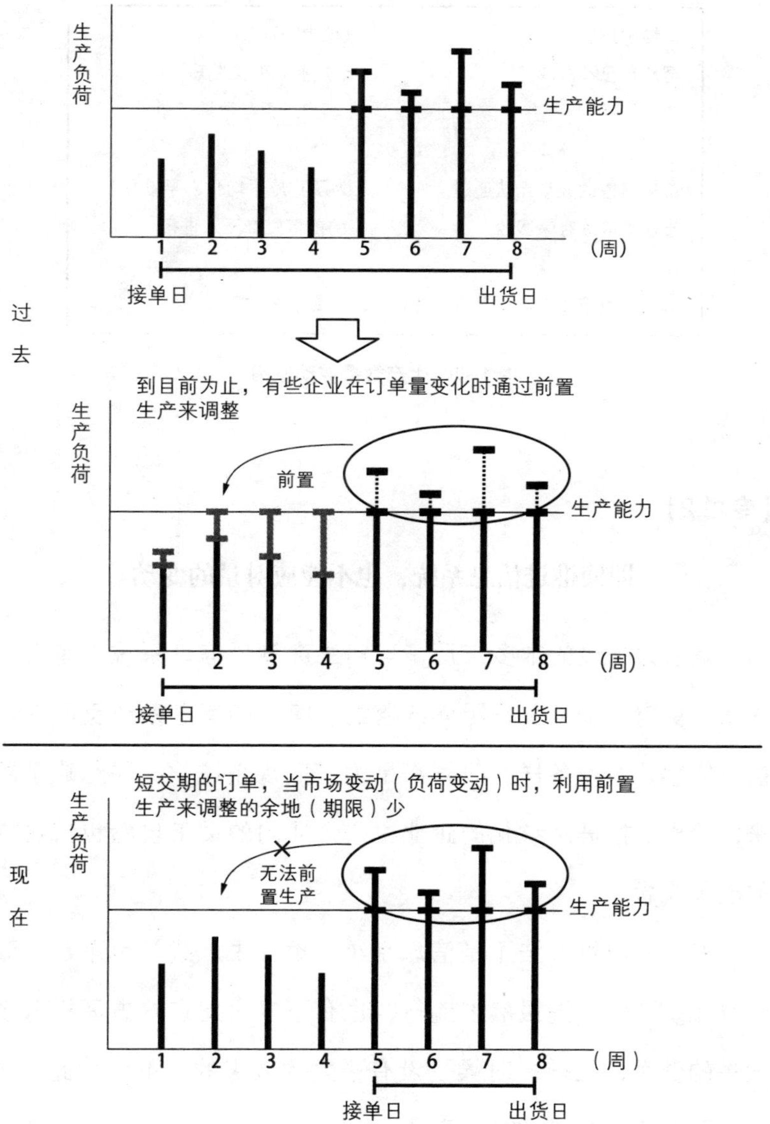

图 1-6　理由 2：推行短交期化，无法进行前置生产，无法进行生产量的平均化

（理由1）	（理由2）
客户自己不做库存	客户要求的交期短（客户不再早早地下单）
↓	↓
市场销售的波动无法通过市场中的库存来吸收	为了实施平均化、平准化的前置生产无法进行
↓	↓
必须按照市场波动情况进行生产（生产数量发生变化）	

图 1-7　生产数量变动原因

【专栏 2】

即使推进信息系统，也不能应对量的变动

笔者诊断过的很多工厂，当初生产管理信息系统没有发挥作用。更有不少情况是阻碍改善的。简单的信息系统反而容易进行改善。各种各样的改善都是为了实现系统化，却忽略了原来的流程。推进系统化的企业主、企业内的员工自然也持这样的改善观念。

变量的应对方法不是信息系统。柔性生产线等也不是自动化系统。那些系统虽然很流行，也有不少企业在这方面投入了很多的资金，但很多时候是没有多大的效果的。不仅如此，还为后面的改善制造了很多障碍。

真正的变量应对是将固定费用转化为变动费用。一般的工

厂，固定费用有两个，即人员费用（劳务费）和设备费用。

根据业务量的变动，那些费用尽可能实现可变化，即使没有库存，也能够应对短的交期（详细内容在第 6 章进行说明）。

这里是重点!

真正的改善成果是实现流动化。不要被流行引诱，应探究环境变化的方向、其中怎样的改善可以让流动化得以实现。

第2章

流动生产为什么能赢利

短交期应对的诉求越来越多，为了顺利地应对，许多企业把目光聚焦在缩短周期（流动速度加快）上面。当然，毫无疑问，缩短周期的目的之一就是应对短交期。不过，周期的稳定与缩短（流动的稳定化与快速化）还能产生各种间接效果。

2-1 // 流动化的直接效果

（1）短交期应对能力的提升

周期缩短后，短交期订单的应对变得轻松了（不增加成本）。

【示例1】

A公司为了生产符合客户规格的产品，购买部件做库存，接到订单后着手生产。以前从着手生产至完成为止的周期为10天，如果交期为接单后7天，就要在原来按计划流动的产品的各工序中，插入该产品进行生产，以保证交期的达成。如果和客户说："这么短的交期没办法接受，请把交期安排在11天之后！"那么订单将跑到竞争对手那里了。勉强地答应短交期，则需要变更生产指示书、增加换型次数，甚至考虑增加工作时间的应对机制，通过这些措施来挽回常规产品的延迟，好不容易达成了交期，却增加了额外成本（图2-1）。

通过改善，现在的生产周期缩短到了5天，对于交期为7天的订单就不用惊慌了，可以轻松地排入常规的生产计划（但是不包括超出生产能力的订单情况）。这样也不会增加额外的成本。

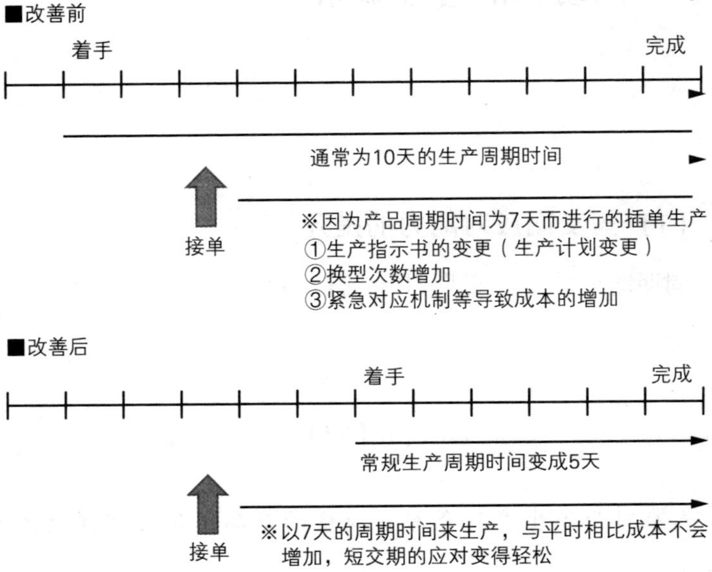

图 2-1　应对短交期不增加成本

(2) 在制品的库存削减

从开工生产到完成为止的生产周期的缩短，与在制品减少是有关联的。反过来讲，在制品的削减也会带来生产周期的缩短。

【示例 2】

E 公司从材料投入到产品完成为止需要 10 天，即生产周期为 10 天。材料先加工，然后清洗，再进行组装，最后经过检查成为完成品。材料从投入到第 9 天为止，不是在加工就是处于停滞状态，没有出成品。这家工厂平均每天完成成品 60 台（即：平均每天投入 60 台的材料），那么，从加工到检查的各个岗位上合计就有 60 台×10 天=600 台的在制品。

实际上约有 800 台的在制品存在。这是因为当发生生产变更时，在工序上会有滞留的异常库存约 200 台。

这家公司将生产周期缩短到 6 天，库存为 60 台×6 天=360 台，这样的话，即使生产线上仍有 200 台异常在制品，总数也就 560 台。

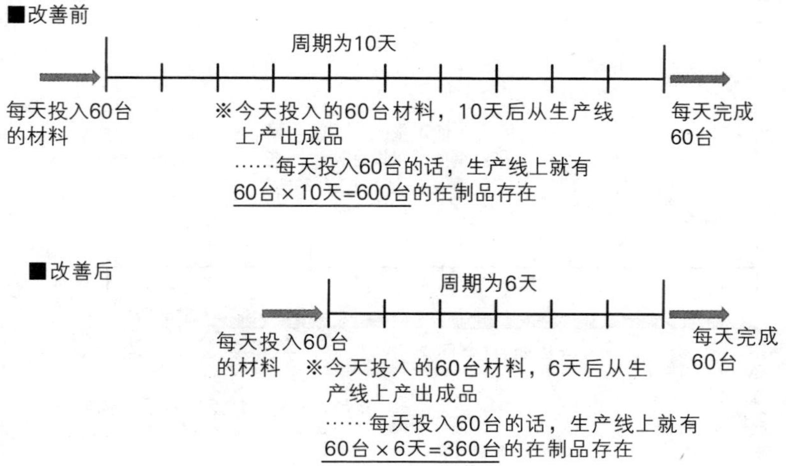

图 2-2　减少在制品库存

(3) 成品库存的削减

缩短周期可以削减成品库存数。

①安全库存的削减

安全库存在预测生产的模式下，能起到的作用是：即使订单数量超出预测出货数量时，也能保证不断货，安全库存也正是为此设定的。产品生产周期长的情况下，更要进行提前预测。例如，如果生产周期为 1 周，那么一周后什么产品好卖，就要进行预测生产；如果周期为 1 个月，那么对一个月后的情况就要进行预测。越是提前预测，预测也越难，因此，不得不多准备一些安全库存。生产周期如果很短，就不需要那么艰难地进行预测了，即使安全库存量不是很多也没有关系（图 2-3）。

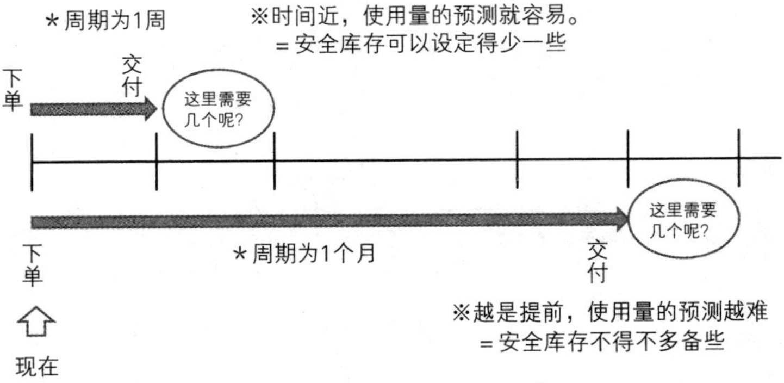

图 2-3　减少因预测不准而不得不保有的库存

【示例3】

N公司的很多部件是依靠委外加工的，然后在公司内进行完成品组装。委外加工的周期因部件不同而不同。周期长的部件为2.5个月，而且，那类部件的金额较大。组装的周期为0.5个月。合计周期为3个月。因此，就需要对3个月后的各机种出货台数进行预测，并向委外加工商下达订单。某一机种的出货量预测为每个月3台。这个机种的部件的委外加工订单设定为3台。

然而，过去也有连续每个月出5台的情况。为此，安全库存保有数量按最大6台的计划执行。这是为今后的3个月中有可能超出3台而预备的。因为周期为3个月，所以要准备的数量为这3个月的销量上升时（5台/月×3个月=15台），超出计划台数（3台/月×3个月=9台，15台-9台=6台）部分。因为销量增加了，即使想马上增加产量，因为到生产完成为止需要3个月，也不得不提前为3个月后做好准备。

这家公司将周期长的部件在公司内生产，从而将周期缩短到0.5个月。这样一来，安全库存就不需要考虑3个月后销量是否增加了，只要考虑1个月后就足够了。安全库存数量可以减少为2台（图2-4）。

■改善前

周期为3个月

	1个月后	2个月后	3个月后	合计
正常的出货台数预测	3台	3台	3台	9台
最大时的出货台数预测	5台	5台	5台	15台
差异	2台	2台	2台	6台

※必须保有最多6台的安全库存

※如果出货台数减少为2台/月，也必须在4个月后才能调整，这个阶段，包括安全库存在内总共将有9台的库存滞留

■改善后

周期为1个月

	1个月后	合计
正常的出货台数预测	3台	3台
最大时的出货台数预测	5台	5台
差异	2台	2台

※必须保有最多2台的安全库存

※如果出货台数减少为2台/月，在1个月后就能进行调整，这个阶段，包括安全库存在内总共有3台的库存滞留

图 2-4　让库存调整尽量快一些

②减少因预测不准而剩余的库存

为防止实际订单数量大于预测出货数量，需要保有安全库存。相反，实际订单数量少于预测数量时，预测数量与实际出货数量的差就成为库存了。这个库存是超出安全库存的多余库存。预测未来是有困难的，周期越长，越容易因预测不准而生产过剩，形成库存。

【示例4】

同样是这家N公司，当生产周期为3个月的时候，预测为每月3台的机种，因销售状况不佳，打算把预测生产的台数降到2台，但已经下出去的订单无法更改。实际上每个月只能销售2台，但每个月3台的订单已经发出去了。在这3个月中，每个月都会增加1台的库存。到第4个月开始才可以降库存。但销售情况进一步恶化，每个月只能卖出1台了，实际上在这个期间储备的库存要到6个月以后才能销售出去。

当这个机种的生产周期缩短到1个月时，从下个月开始就可以进行调整了。像这样，每个月增加一个库存的情况，在下一个月就可以停止，到再下个月就可以将库存调整到正常水平了。

③削减因数量变更、规格变更及交期延后而造成的库存

在接单生产的情况下，有的时候，会因为客户订单数量变更、规格变更等，已经开始生产的半成品、成品全部变为没有用的库存。为了规避这个问题，可以尽量在接近出货日再进行生产。当接到数量变更、规格变更通知时，因为还未开始生产，也就不会形成库存。

交期延后的情况也同样，一旦开始生产，这些库存就只有保管到出货日了。接到交期延后的通知时，生产还未开始，延后交付部分的生产时间可以后移，原来必须保管的在制品、成品库存也就可以规避了。

像这样不是为了应对短交期，在未临近交期时不生产也没关系。通过这种方式，当发生变更时，可以达到这样的效果：不增加无谓的在制品、成品库存。

【示例5】

P公司是接单生产型的机械设备制造商。从接单到出货为止需要6个星期。从客户那里接到交期为6个月的订单意向，开始生产。实际上，客户通常会在出货前4个星期下达准确的订单。其间有交期变更、规格变更、订单数量变更发生过。P公司的客户中，很多是从事制造装置生产的制造商。这些客户也是因为接到制造装置用户的订单变更，而要求P公司进行变更的。客户也是处于无法规避变更的境地。

交期延后的话，这些库存只有放在仓库里等待出货。因为订单数量减少、规格变更，库存也会存在仓库里。这些库存往往不能卖给别的客户，经常造成长期的库存滞留，其中还有卖不出去而成为死库存的情况。这家公司通过改善后，将生产周期缩短到了3周。现在，只要在交货前4周确定订单，等确定后再着手生产就可以了。从此以后，订单确定了，不再多做，规格也是等确定后再着手生产。凭借这一点，过剩的部件、成品库存也就没有了（图 2-5）。

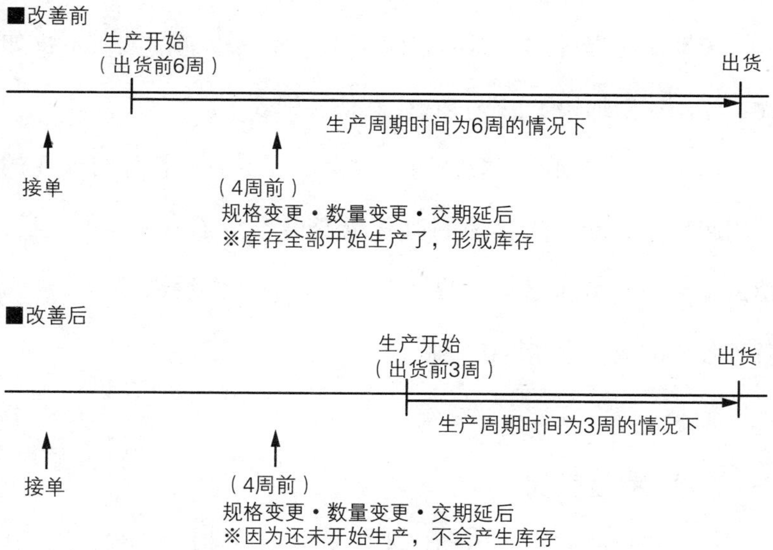

图 2-5　减少因订单变更而多出来的库存

2-2 // 流动快速化而产生的间接效果

流动速度提升后，周期就缩短了，库存也能削减。不仅如此，流动速度加快了，还能产生其他各种效果。

由于生产周期的缩短，当发生生产变更时，管理与作业的负担减轻了，减少不良品的改善也变得容易了。库存削减后，留出了空间，与库存相关的管理、作业的工作量也减少了，为各种各样的成本削减做出贡献。

（1）腾出空间

生产周期的缩短（流动快速化）如前所述能削减库存。仓库削减后，以前占用的空间就不再需要了（图 2-6）。

图 2-6　库存减少后就腾出了空间

腾出的空间

①如果是借用外部仓库，这个空间可以灵活使用，减少租借外部仓库所发生的开支。

②用作增加新生产线的场地，如果新工厂还没建好，可以节省建设费用（图 2-7）。

【专栏 1】

合理使用空出来的场所

如果有空出来的场所，“不用可惜” 的想法是不正确的。应该努力让它变得绝对不使用。(不包括前面说的、通过灵活使用可以降低成本的情况)。一旦有地方腾出来了，就会这也想放，那也想放，这就是我们习惯的思维。

我在参观某汽车部件生产商 C 公司时，曾经感慨过其规模，“这个工厂相当于三个东京大教堂”。但并不是说 “大工厂就是好工厂”。完全同样的产品、同样的数量，如果可以在狭小的空间内生产，费用更低。能在那样狭小的空间内生产的工厂，必须经过各种各样的改善。无论如何，至少在宽敞的工厂内，物品、人的移动会更费时间。不是要更宽敞，而是应该用狭小的，这样浪费也就少了。

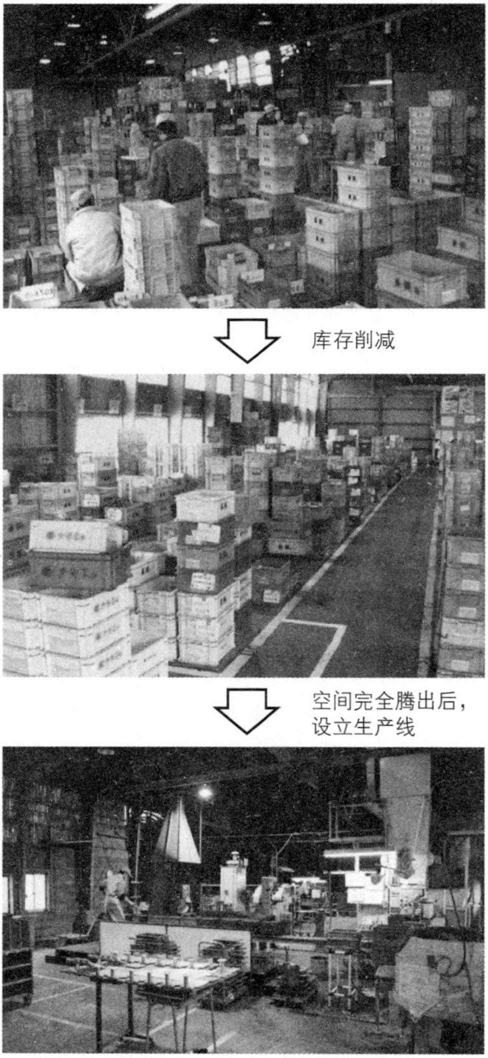

图 2-7　减少库存，腾出空间，并将其有效利用

【示例6】

食品生产商E公司通过库存削减，腾出了相当于一个体育馆的空间。过了一段时间，就让它变得不再需要了。如果在外面租用仓库，就可以解除租借。在内部保管，就可以削减外部仓库的租赁费用。但那家公司没有在外面租用仓库。而且，公司想把这个空间租出去也难，始终空在那里。有一天，公司社长说:“那个空间在成本节约方面贡献了1亿日元。”仔细询问后才知道，从那以后，产品的品种、数量都增加了，必须建新工厂了。那家公司通过对一个体育馆进行改造，用5000万日元的费用，保证了生产空间。如果新建，则需要花费1.5亿日元。也就是说，其差额1亿日元是通过削减空间获得的。

空间是本来就在的，即使把它腾出来也不能变成钱，这是普遍的想法。空间本身不具备那么高的价值，但是，可以通过出色的灵活使用，为降低成本做出贡献。

(2) 减少因计划变更而产生的怠工

前面已经介绍了，生产周期缩短，不仅可以满足客户短交期的要求，而且，没有到即将交付时不用生产，这样可以达到不增加因数量变更、规格变更、交期延后而产生的无谓库存的效果。这样的效果还体现在能减少因变更而造成作业、管理的浪费。

【示例7】

原来，J公司的生产周期是10天。也就是说最晚也要在交期前10天开始生产。如果客户在出货前10天以内提出这个产品组件的一部分规格变更，就会增加以下的作业、管理工作：

①已经完成的前工序的再次插入生产、修改

②前工序插入生产而产生的额外换型作业

③余下工序的生产计划变更

④变更后，不再需要的部件、在制品的管理

这家公司成功地将生产周期缩短到了5天，从交期往前推5天开始生产，6天前的变更，除了上述第③项的生产计划变更（假如生产计划已经制订完成了）外，其他的时间浪费减少了。

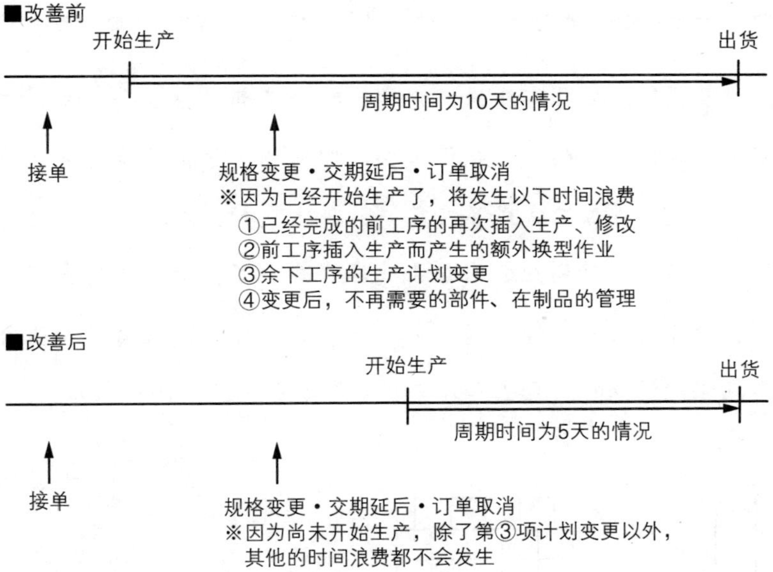

图 2-8　减少因订单变更而产生的作业、管理浪费

(3) 没有库存后取放、搬运的作业减少了

物品不停地流动，工序间的库存就少了，没有必要进入仓库了。这样一来，生产线上、仓库内的取放作业，中间的搬运作业就减少了。即使是小物件，因为工序间的在制品多了，一旦存放在货架上，也会发生取放、生产线与货架之间的搬运。

【示例8】

原来，G公司委外加工完毕后的涂装部件放在仓库里，组装岗位在前一天的晚上，按需领料组装物料。推进流动化生产时，指定委外加工完成品在前一天晚上交付，现在不再入仓库了，而是直接交到组装岗位上。库存减少了，仓库也腾出了空间；仓库内的取放作业（部件上架、取出作业）没有了，从仓库到组装岗位的搬运也不需要了（图2-9、图2-10）。

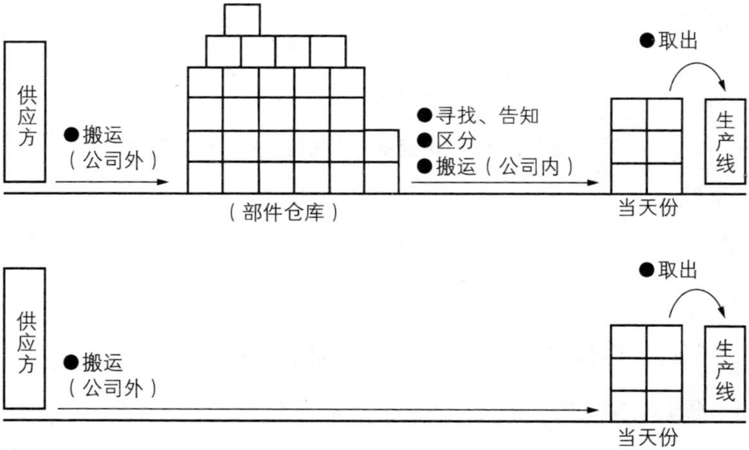

图2-9 减少部件库存，直接交付到组装生产线

图2-10 外协直接送到组装线上的部件，由组装作业员直接取出使用

(4) 没有库存就不需要库存管理

随着流动化生产的推进，因为只有必要的库存，就省去了寻找、点数、区分等作业。

因为只有必要的库存，在下次下单采购时，也只需下必要数量的订单。如果有多的库存，在下单时还要减去现有的库存，即，需要花费时间进行计算。一直能保持必要数的话，那些工夫就可以省去了。

没有库存（库存少）时，像盘点这样，库存数确认的时间也能减少，账面数与实际库存数的对比确认的时间也能减少。

【示例9】

前面说的G公司只按必要的数量委外进行涂装，并将其直接送到组装岗位（前面已经叙述过了）。

原来，下一个委外涂装订单在下单时，先确认组装岗位的必要数是多少，盘点一下已经涂装完成的有多少，两者相减，算出应该下多少采购订单。现在只按必要数下单，原来的计算时间也省下来了。

随着库存削减工作的推进，部件库存降低了一半，在制品数量也降低了一半，成品库存降到了原来的三分之一。盘点每半年进行一次，原来盘点由全员50人参加，花费一天（8小时）时间，现在大概需要3小时就完成了。即：原来是8小时×50人=400人·小时，现在变成了3小时×50人=150人·小时，盘点的时间减少了250小时。

（5）减少因停滞时间长而带来的不良率下降

有的工厂在没有实现流动化生产时，因为停滞时间长，部件、产品的不良率增加了。最具代表性的就是随着时间推移，品质容易发生变化的金属、化学制品、生鲜食品等。另外还有粉尘会危害精密部件等，停滞时间长了后，粉尘很有可能沾附在上面，造成不良率上升。

【示例10】

K公司是生产液晶材料的企业。这种材料一旦有灰尘沾上就成为不良品，因此，生产是在高度洁净的室内进行的。即使这样，不良率也很高，前半段生产工序与后半段工序中间堆积了大量的在制品。后半段工序配置了价格昂贵的自动化设备，业务量很大，因此，不希望这些设备停产。但是，后半段工序的良品率平均只有70%左右。

通过试验，将前半段工序生产出来的物料，立即投入后半段工序，经确认，平均良品率提高到了85%。因此推测，后半段工序的不良品是由肉眼看不到的灰尘造成的。估计这些灰尘

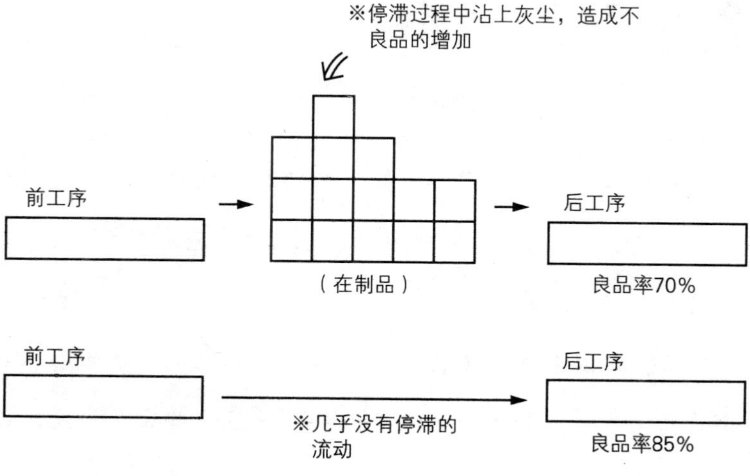

图2-11　停滞将增加不良

是在前半段工序完成后进入后半段工序过程中，由于停滞造成的。这种停滞的物料越来越多，或许不会造成设备的停机，但会增加不良品（图 2-11）。

(6) 早期发现有助于不良的减少

随着流动化的推进，从不良发生的工序到不良被发现的工序，这个周期越短，不良就会越早被发现。许多不良是因为没有被发现而持续生产出来的，早一些发现，可以减少因不注意而做出不良的情况。

而且，因不良发生不久，其原因也更容易找到，防止再发的改善也容易进行。

【示例 11】

生产铝铸件的 U 公司当天生产的物料在次日进行检查。有时，虽然检出了不良，但一天的产品已经全部沦为不良品了。

为此，将其改善成 1 小时即可以进行检查的流动化生产方式。这样，即使全部是不良也是 1 个小时以内的量。现在，在多条产品生产线添加了一台检查设备，并且这些设备成功地以低成本制作出来了。每条线上都加入了检查设备后，加工完毕可以直接检查（一个流）。这样一来，同样原因产生的不良在连续生产时，也就能控制在一个了（图2-12、图2-13）。

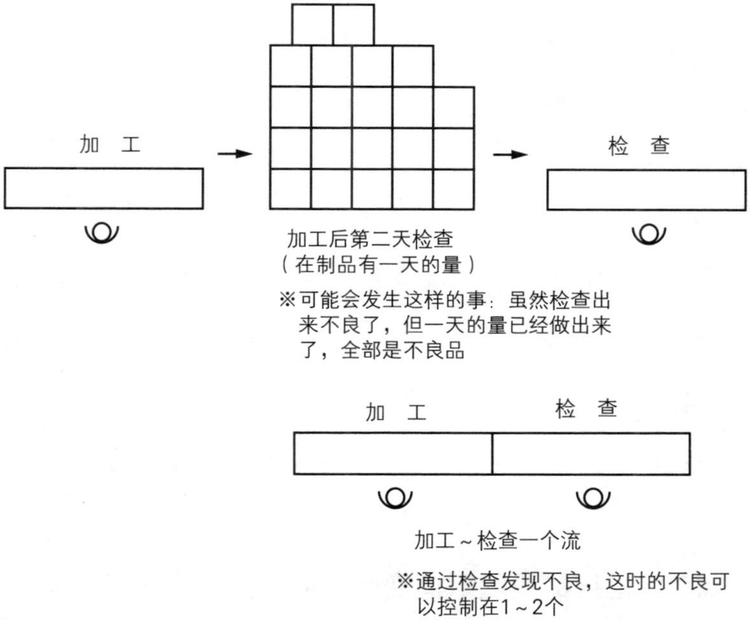

图2-12 不良提早发现的流动化

图2-13 利用简易治具，对加工完成品一个个地检查

不仅如此，装了检查设备后，对不良发生原因的追查也变得更容易了。不良发生后被马上发现，这时可以立即对加工设备的状态进行确认与分析。其结果是防止再发的改善得以及时进行，不良数也就减少了。

以前，不良发生要到第二天才能发现，即使想要调查不良发生的原因，很多情况下也是查不出来的。为什么会这样呢?主要是因为该设备已经做过换型，在生产别的产品了，所以很难再找出产生不良的证据，也就没有办法进行再发的预防了。

(7) 把握品质随时间变化的特性，防范不良于未然

通过一个流让加工和检查流动化，品质随时间的变化状况变得容易把握。按加工顺序进行检查，随着时间的推移，对品质是如何变化的，就可以进行评估了。在品质水平超出一定范围时，就可以进行调整、立即查找原因，通过改善来减少或消除调整作业（因品质的波动而进行的作业）本身也容易实现。

【示例12】

T公司使用自动加工机械、钻床，每天可以加工200个部件。由于一台设备来不及，用了自动加工机械2台（A、B）及

钻床 2 台（C、D）。第一天，2 台自动机械加工 200 个产品，第二天通过 2 台钻床进行加工。2 台自动机械和 2 台钻床虽然分别为同一型号的机械，但有一些微妙的差异。通过检查发现，产品有 4 种（=自动机械 2 台×钻床 2 台）品质波动特性。

通过自动加工机械 A 与钻床 C 搭配、自动加工机械 B 与钻床 D 搭配，实施一个流生产。品质波动特性由原来的 4 种减少到了 2 种。A+C 的生产线与 B+D 的生产线进行分开管理，各自对随时间变化的品质特性进行测量，可以把握品质变化状态。根据这个信息，在不良发生之前对机械实施调整，从而减少不良（图 2–14）。

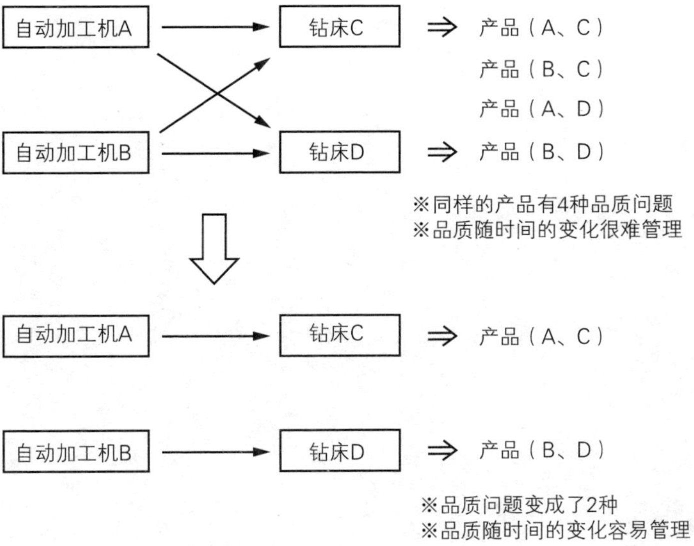

图 2–14　实现流动化，把握品质随时间的变化规律

原来是在哪台机上加工都不知道，当然就无法获得随时间变化的情况，也就没法进行这样的管理与调整了。一旦发生不良，就要花费大量时间进行机械的检查，为了不再发生不良，必须多次重复调整。

2-3 // 流动稳定化带来的间接效果

不仅是流动的快速化，流动的稳定化也是流动化的重点。

流动稳定后，工作人员就不需要进行工序间的进度管理了。例如，计划好从第一个工序开始连续生产到第几天，并按此进行流动化生产（流动的稳定）。这样管理好第一工序何时开工、最后工序何时完成，在没有异常发生的前提下，其他的工序管理也就自动被开展起来了（实际上变成了不需要事务人员，而由现场自我管理的状态）。如果流动不稳定，例如，从着手生产到完成为止需要5天，有时要花上15天，那些产品现在在哪道工序等，通常需要配备专门人员来进行生产进度的全程监控。

看板方式也是通过不断重复的稳定流动来实现。即使没有第三者的监视，也能正常流动（万一发生异常，可以马上发现）。

【示例13】

S公司本来就没有能很好地进行工序管理，加工→涂装→组装→检查四个工序，至少需要5天，长的时候达到13天。

首先不是要缩短周期。为了实现稳定化，首先按加工4天、涂装2天、组装2天、检查1天设定基准周期（合计9天），并按此进行生产（图 2-15）。

以前，为了把握什么产品进展到了哪道工序，需要把各工序生产进度输入到电脑中，由生产管理工作人员进行确认，生产管理人员据此指示各工序生产的优先顺序，实施管理。

现在，生产稳定化了，生产管理人员只需要管理第一道工序何时开始生产，最后一道工序（检查）何时完成就可以了。其他各工序由各工序岗位进行管理。万一在哪里发生了延迟，生产管理人员并不介入，由生产人员自己进行工序间的调整，并建立最后工序不耽搁交期的体制。

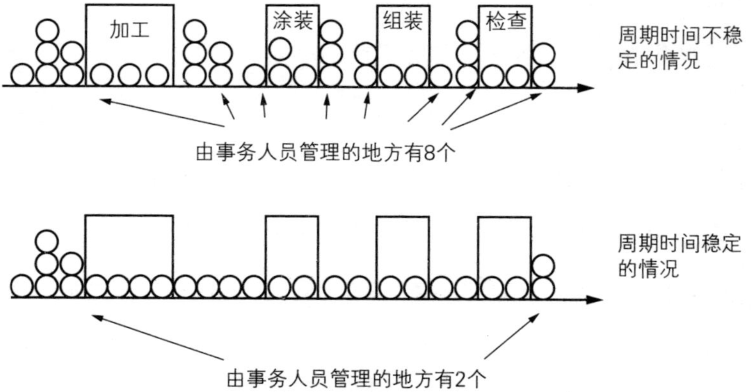

图 2-15 流动稳定后，管理也变得轻松了

2-4 // 流动生产能获得容易发现问题的间接效果

(1) 加工本身的浪费变得容易被发现

在没有库存的情况下进行连续生产，其中加工自身的浪费变得容易被发现了。没有必要的加工工序、管理上的重复、无谓的誊写作业等，在分段作业时，很多浪费不容易被发现。一个一个地生产的话，那些浪费就都显现出来了。

【示例 14】

N 公司是一家从事家电制造的企业。其本体组装时用到的组件是在工厂内的另一栋建筑物内生产的。该组件是装在袋子里被送到组装生产线，然后从袋子中取出来进行本体的组装。放入袋子，再从袋子里取出，对产品本身的功能没有影响。问题是组件的组装担当者、管理者，本体组装的担当者、管理者都没有注意到这个浪费。从组件生产开始到本体组装为止，如果实现一个一个的连续生产方式，例如由一个人来生产的话就容易发现这项浪费。但在分段生产的情况下，这项作业是必要的还是不必要的，就没法进行判断了，都把它当作一项理所当然的作业内容了（图 2-16）。

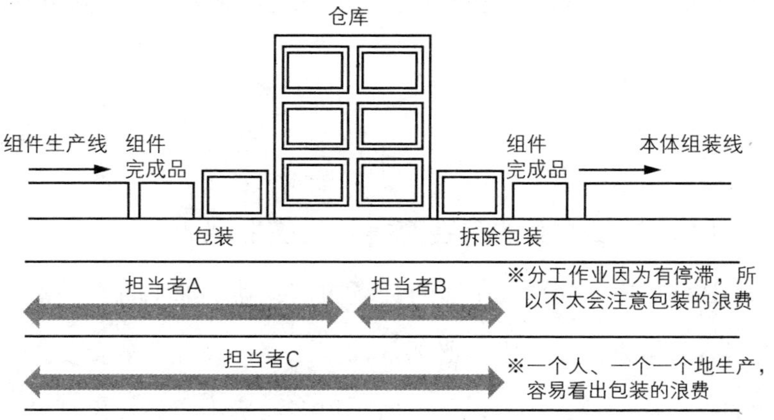

图 2-16　分工作业不容易看出浪费

（2）有利于提升问题意识和改善动力

推进流动化，在少库存的状态下（没有多余的库存）生产，可以发现各种各样的问题。

机械发生故障了，如果在那个岗位上这台机械有很多加工完成的库存，就不会注意这个问题了，因为没有造成供货的延迟。发生不良、部件不足而无法生产时，因为后工序有足够的库存，即使发生问题，也不把它当做问题来看待了。

这是个大问题。库存隐藏了问题，面对问题的危机感没有了，必须解决问题的意识下降了，其元凶就是多余的库存。

实施流动化，在低库存的状态下生产，可以让人在生产中时刻保持紧张感。营造能敏感地察觉出问题的氛围，提高“不解决问题不行”的意识（图2-17）。

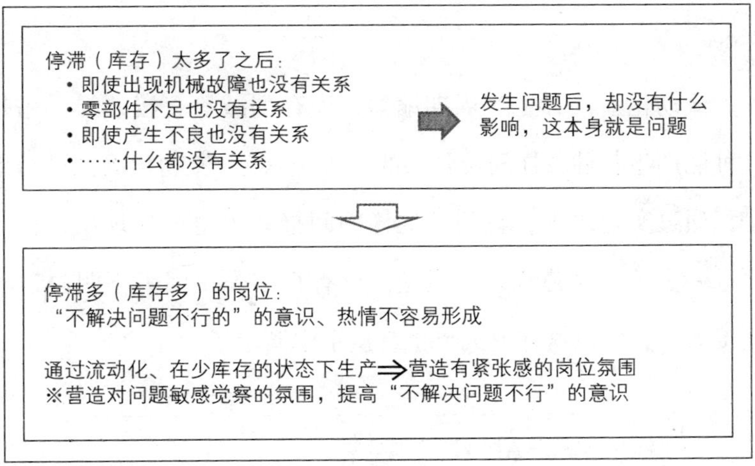

图2-17　库存隐藏了问题，降低了问题意识

【示例15】

汽车部件制造商S公司的董事曾发表过这样的讲话：通过库存削减，获得了相当于库存下降额数倍的利润。不管怎么计算，也没法想象出怎么能创造出这么多的利润。经过打听，原来是库存削减时，出现了各种各样的问题，把大家都困住了。这些问题不是在库存削减后发生的新问题，而是原本就存在的。只是因为在库存多的时候，发生这样的问题时，谁也没有注意

到（因为没有被困扰）而已。

库存削减之后就把大家困住了，大家都来想如何解决问题、实施改善。原来说的是那样的效果贡献了几倍的利润。

流动化不仅有生产周期缩短、库存削减等直接效果，还是一种能产生各种各样间接效果的“聚宝盆”。流动化的推进结果是，通过实施改善，直到像这样的间接效果也能显现出来，从而进一步扩大改善成果。但是，也有很多公司因为不明白这种间接效果，所以这样的成果也就从手中溜走了。

流动化的效果=直接效果+间接效果

⬇

为了获得间接效果

①应理解将可以获得何种间接效果

②为了获得这种效果而需要追加改善

间接效果也是很大的，因为不知道而忽略了的话，那就太可惜了

图 2-18　不要忽略了间接效果

第3章

流动化的推进方法

3-1 // 面向流动化改善的基本知识

(1) 流动为什么会不畅

第1章中说过了，产品生产周期=生产时间+停滞时间，流动化就是要让停滞时间稳定、缩短。

流动不畅也就是停滞时间不稳定、太长，这和下面的两个问题是有关系的。面向流动化的改善，就是要解决这些问题。

①相对于后工序过早地进行生产，将导致流动不畅

某工序本月20日16点开始生产，前工序在15日完成，则停滞时间为5天。如果在18日完成，停滞时间为2天；19日16点完成，停滞时间为1天（24小时）；20日的10点完成，停滞时间为1小时；14点完成，停滞时间为2小时；15点59分完成，停滞时间为1分钟。也就是说，根据本工序开始生产的时间推算，前工序完成的时间越早，停滞时间就越长。实现快速流动的要点是：不要过早地生产（图3-1）。

同样的道理，如果某工序开始生产的时间是确定的，前工序完成时间每次都不一样，那么停滞时间也就长短不一。要实现稳定流动的要点是：相对于后工序，前工序必须在同一时点

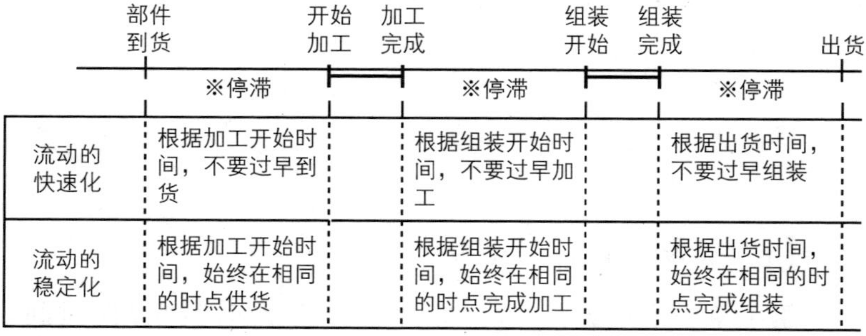

图 3-1　流动化就是停滞时间的改善

完成。

②集中生产会导致流动不畅

面向后工序，前工序采用集中生产的方式，物料就会产生停滞。

假如后工序是一个一个地加工，前工序按一次 10 个进行集中加工，其中将会有一个立即进入本工序加工，而剩下的 9 个就要等前面的加工完成后再依次进行加工。同样的道理，前工序如果是一个一个地加工，后工序如果不满 10 个不能投入设备加工的话，前工序过来的第一个产品要等后面 9 个全部从前工序过来后，才能一起投入加工，即会发生停滞（图 3-2）。

. *但是，即使采用集中生产，如果所有工序都是按同样的数量流动，也不会发生停滞。

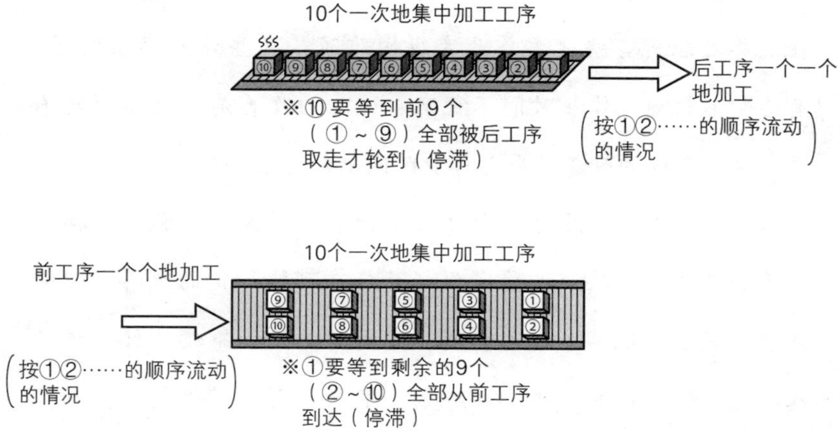

图 3-2　集中生产导致物品停滞

（2）改善是两种模式的反复

改善是两种模式的反复。一是使标准能够被遵守，二是改变标准。因此，如果标准是模糊的，那就要从明确标准开始。所谓标准化，不仅是单纯的明确做法、让任何人都能够做到，还是一种改善的手段。

【示例1】

对组装作业的作业顺序、方法进行改善时，用秒表进行时间测量，作业时间从原来的50秒缩短到了30秒。但是，在统计一天的生产情况时发现，平均耗时为43秒。在确认为什么平均值不是30秒的时候，发现作业过程中，一会儿电动工具出现故障，一会儿因零部件不良造成中断等，浪费了很多时间。而且，在改善之后，有些地方作业变得困难了；有些作业变顺畅了；有些却不顺畅，作业时间不稳定。这次的改善是让这些问题不再发生，最终的改善结果是作业时间缩短为32秒。

改善可以分为改变方向（改变标准）的改善，和让变换方向后的工作进入轨道、稳定化（让标准可执行）的改善。即使方向改变了，但不能进入轨道，就不能维持和继续。仅实施进入轨道、稳定化的改善，其成果、水平是有一定限制的，不可能有更多收获。

从上述改善来说，改变作业方法、将作业时间从50秒缩短到30秒，是改变方向（改变标准）的改善；将平均耗时43秒的作业改善到平均32秒，是通过发现和解决问题，使其进入轨道、稳定化（遵守标准）的改善（图3–3）。

面向流动化的改善也一样，使流动速度稳定（使标准得到实施）的改善和流动速度加快（改变标准）的反复（图3–4、图3–5）。然而，要按照这个模式进行改善的话，首先是要确定如何流动，应该从制订这个标准开始。

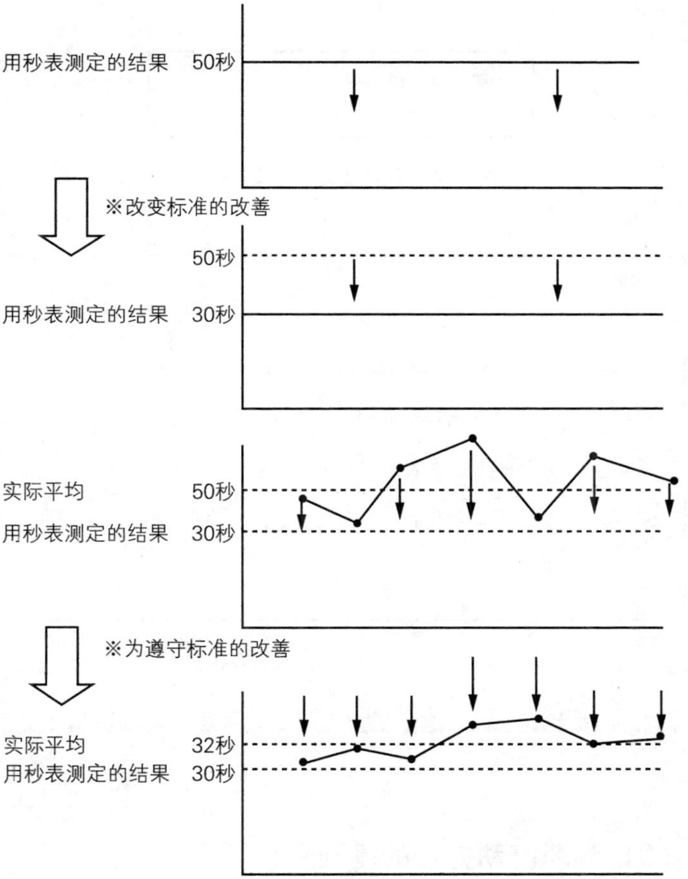

图 3-3　改变标准的改善和遵守标准的改善

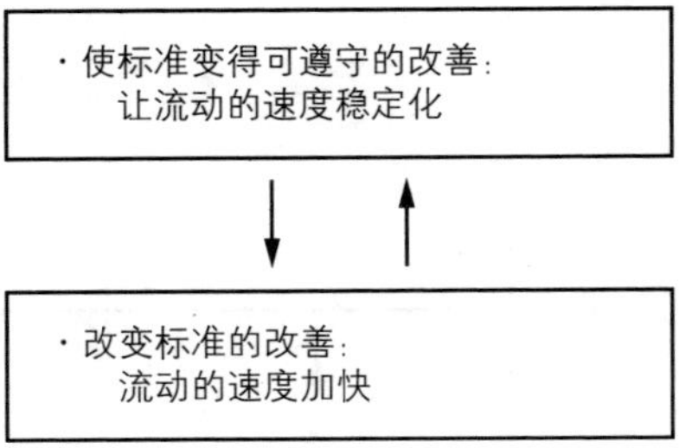

图 3-4　面向流动化的改善模式

改善例子：

①基准周期时间设定为5天

↓

②通过改善，总是按5天的周期时间流动（稳定化）

↓

③实施改善，让基准周期时间从5天变为3天（快速化）

↓

④通过改善，总是按3天的周期时间流动（稳定化）

↓

⑤实施改善，让基准周期时间从3天变为1天（快速化）

↓

⋮

图 3-5　面向流动化的改善模式

（3）物料流动方法的基础

产品流动方法有两种：第一种是配合后工序计划的流动方法（计划生产），第二种是根据预测按一定的数量生产、使用多少补充多少的流动方法（补充生产、图 3-6）。

计划生产也分为两种：第一种是订单已经确定的情况；第

二种是订单尚未确定的情况。即使尚未确定，也要预测大概出货多少，并按这个出货数制订计划，根据这个计划安排生产。

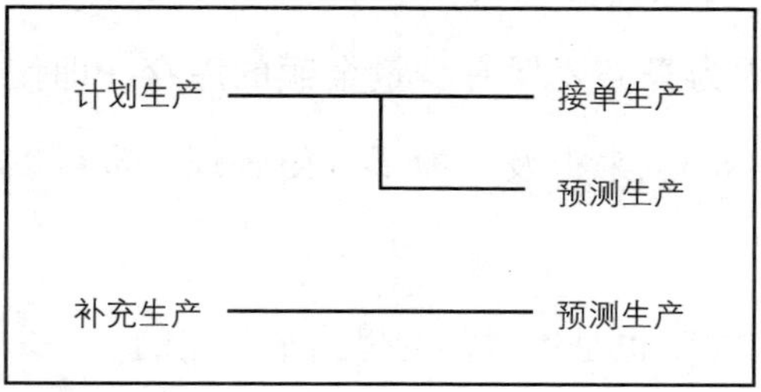

图3-6 产品流动的类型

在采购、生产的周期，比从接单到出货的周期短的情况下，即在订单确定后再采购、生产也能来得及的情况下，计划生产方式可以有效地削减库存。如果订单未确定，也能容易进行订单数量的预测，这样也容易削减库存。

另一方面，这种方法需要有各工序详细的生产计划，制订生产计划、实施进度管理等，管理上需要花费工夫。

从接单至出货的周期更短的情况下，则必须实行预测采购、生产。为此，不能再按上述数量预测、计划生产的方法了，而是要采用先确定数量并进行生产（做库存），当库存量被使用到了一定程度，再补充生产到那个量的方法。

这样的做法对于生产量相对比较稳定的产品是合适的，当量的波动很大时，反而会增加库存。针对这样的产品，通过对最终工序进行计划的平准化（参考第5章），这个工序的前工序的波动将会减少，采用这样的生产方式也是有的。

还有，对于低价值的零部件，在可以进行少量生产、补充的前提下，因为只需要保有少量金额的库存，即使当订单确定了再采购、生产也来得及，为了方便管理，也可以采用这样的方法。

“看板方式”也是用这样的思路来制定的。

另外，不管采用何种方法，其最高境界都是一个流（参考第4章）。

3-2 // 计划生产的情况

计划生产的情况下，流动化的推进步骤是怎样的？这里将以公司内生产、委外加工、零部件采购为例进行解说。

（1）公司内的流动化

使流动的速度稳定

①确定标准

确定在工序中流动多少天（基准周期）。例如，在制订加工工序和组装工序的流程时，要确定加工要在组装日前多少天（a 天）进行才可以（图 3-7）。

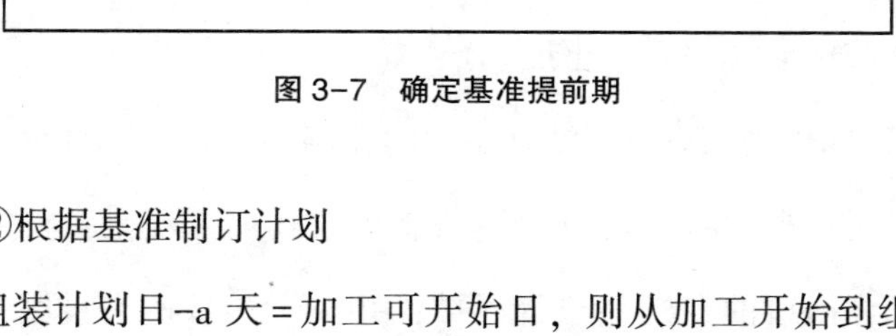

图 3-7　确定基准提前期

②根据基准制订计划

组装计划日－a 天＝加工可开始日，则从加工开始到组装开始前，需要制订加工的计划（如果在组装日之前必须完成加工，参考图 3-8 的上面部分）。

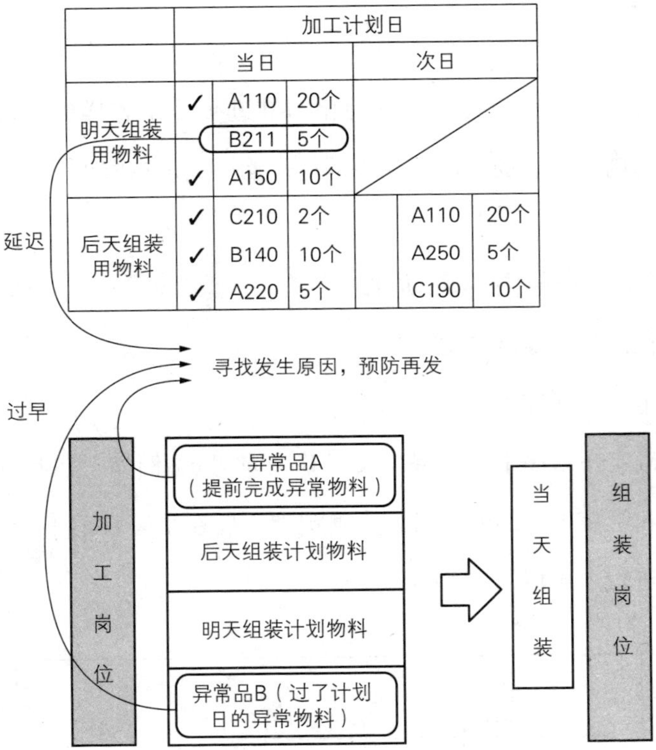

图 3-8　流动的可视化管理与问题解决（从内部加工到内部组装：3 天）

③按标准流动（防止过早）

1）加工完成后、组装开始前的在制品是否按标准流动，应该可以用目视化管理的方法进行管理。具体方法是：首先规划加工工序出口的在制品放置区域，并按组装日期进行区分。例如，制定的标准为加工提前2天进行，次日的组装计划内的物料和后天的组装计划内的物料设计为两块正常物料区，后天之后的组装计划内物料，或者说之后没有组装计划的物料就要放到异常物料区A（过早完成的异常放置区），次日之前的组装计划物料一定是没有被组装取走的物料，设计为未取走异常放置区B（过了组装计划日的异常放置区）。于是，只要在加工完成后送来的物料上标识好组装日期，并按照组装日期放置到指定场所就可以了。在两个异常品放置区放置的异常品（过早），就是改善的对象了。在组装工序的前方设计当天计划物料放置区，在组装当天的早上，或者在组装计划日的前一天工作结束时搬入即可（图3-8的下面部分）。

2）查明那样的“异常品”（未按标准流动）发生的原因。

流动不畅的原因有：

- 加工计划搞错了（未按②那样编制计划）
- 加工计划是正确的，相对加工计划提前加工了
- 组装岗位未按计划生产

3）针对原因采取对策，预防再发。实现了再发的预防，加工工序过早加工、组装工序延迟都消除了之后，就可以基本按标准流动了，流动趋向稳定化了（图3-8的中间部分）。

④按标准流动（防止延迟）

1）加工工序“过早”的问题，可以通过对物料放置区域的

目视化管理来发现。但是，“延迟”的问题，因为物料还不存在，就不能通过放置区域来管理了。对此，在两个正常品放置区域处，第1天组装计划物料放置区域中，将写着该日组装计划物料的品名、数量的组装计划表；第2天组装计划物料的品名、数量的组装计划表贴出来，每加工完成一项，就在计划表中打一个钩。组装计划的前一天工作结束时，如果没有被勾掉，就是异常品（延迟），这就成为改善的对象了（图3-8的上面部分）。

2）查明那样的“异常品”发生（流动未按标准进行）的原因。

流动不畅的原因有：

- 加工计划搞错了（未按②那样编制计划）
- 加工计划是正确的，但是实际生产比计划时间晚了

当迟于加工计划生产的原因是加工工序的前工序迟延时，就要对前工序进行改善，要与加工工序后发生的延迟区分开来，并与加工工序开始发生的延迟一起进行改善。

3）针对原因采取对策，防止再发。实现了再发的预防，延迟的问题就解决了，就可以基本按标准流动，流动趋向稳定化。

加快流动速度

通过这样的方法推进改善，物料按标准流动，流动也就稳定了。

流动按照标准进行后，下一步就是重新设定标准（缩短基

准周期)，同样要通过改善来提高流动的速度。

①标准的修订。为了使工序流动的天数进一步缩短，先要将标准（基准周期）缩短。例如，原来是加工提前组装 2 天即可，现在要将其缩短到 1 天（图 3-9）。

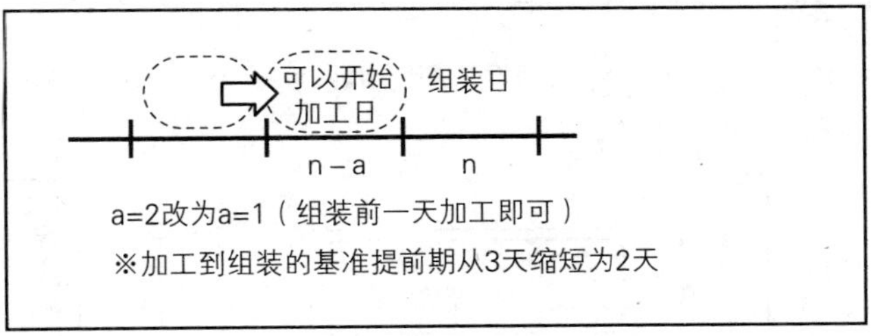

图 3-9　缩短基准提前期

②组装计划日 -1 天 = 加工开始日，按此修订、制订加工生产计划。

③目视管理的在制品放置区域的修正。例如，将提前 2 天开始加工的标准缩短到提前 1 天开始加工的话，原来按明天组装的计划物料、后天组装的计划物料分两个正常品区域进行放置，现在后天的组装计划物料放置区就取消了。还有，异常物料放置区域 A “后天以后的组装计划物料及没有组装计划的物料” 的标识改为：“明天之后的组装计划物料及没有组装计划的物料”（图 3-10 的下面部分）。

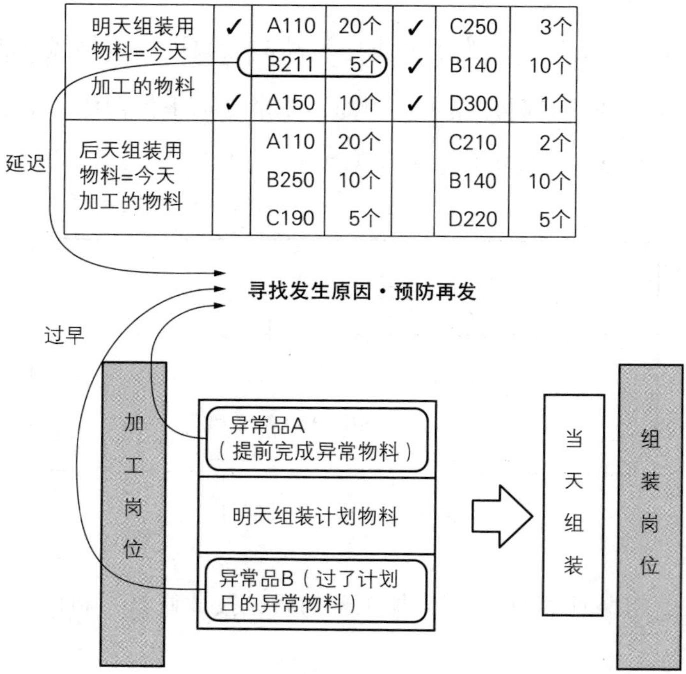

图 3-10　流动的目视化管理与问题解决（内部加工~组装：2 天）

再有就是前面叙述过的，将放在异常品区域的物料（过早）、到组装日前一天为止用看板管理的没有被勾掉的物料（延迟）作为问题点（改善对象），进行再发防止的改善即可。

【专栏1】

从以天为单位的流动化到以小时为单位的流动化，进而实现一个流

这个标准（基准提前期）如果不是以一天为单位，而是缩短到4小时、2小时，流动的速度将更快。例如，将一天（8小时）分为上午4小时、下午4小时，并分别制订4小时的组装计划，这4个小时的计划在前一个4小时中制订（图3-11）。

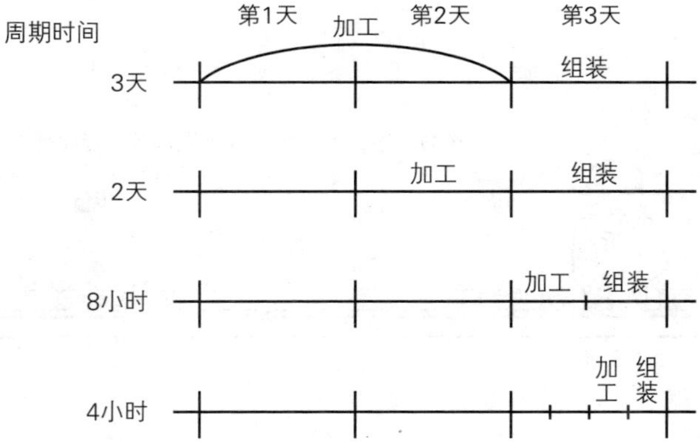

图3-11　实施以小时为单位的流动

像这样不断地反复，推进流动的快速化与稳定化，最终将实现一个流。虽说一个流是这种改善的延长，一个流还有别的更好的改善实施方法（实施一个流的时候，并不是按这样的步骤，而是直接将工序按一个一个流动的方式进行连结，对不能进行联结的问题进行改善，这样的做法比较常见。参考第4章）。

【专栏2】

库存在生产过程中管理、改善（后工序拉动）

重要的是，本工序必须能自动发现对后工序的供应是否过早或延迟了。所以，正常品、异常品放置区，管理看板不是由后工序设立，而是由本工序设立的。相反，如果是推动式生产（将生产出来的物料送到后工序），就很难发现是否延迟或过早。这样，就可以营造让这个工序的管理者、担当者关注自身问题的氛围，提高解决问题的意识，这是非常重要的（图3–12）。

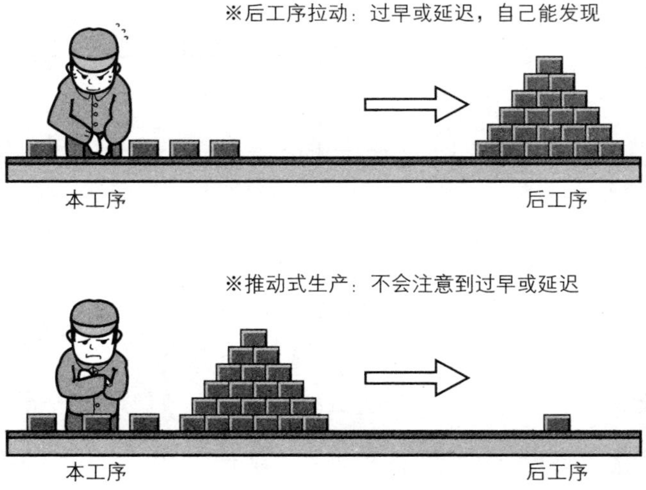

图3–12　库存在生产过程中管理

(2) 委外工序（内部加工—委外加工—内部组装）的流动化

内部加工—委外加工—内部组装

①委外工序要像内部工序一样看待，后工序（内部组装）的日期先要计划好，确定委外工序要提前多少天（a 天）开始生产。委外生产开始日应为组装计划日减去 a 天，从这一天开始到组装开始日应完成委外加工工序，委外工序也应该制订生产计划（组装计划日前要求委外工序一定要完成的情况）。然后，委外加工岗位上同样要进行过早、延迟的目视化管理，这样就比较理想了。

对于委外加工，首先要看的不是有没有做好，而是要看是不是在这样管理，并进行以下的改善。必要时，可以对委外加工商进行指导（图 3-13，右侧，a=4 的情况）。

②当委外加工的交期是组装日的前一天时，在组装工序的入口处（内部），设立当日组装计划物料和次日组装计划物料两个正常品区域，分别贴上当日组装计划表和次日组装计划表。委外加工商交付时，在计划表上打钩，这样就可以发现异常品（延迟）了。

③组装工序（内部）的入口处要设立异常品区域 A（提前交付品区域）、异常品区域 B（过了组装日的异常品区域）。在次日的组装计划表中没有的物料（除了延迟之外）如果送过来

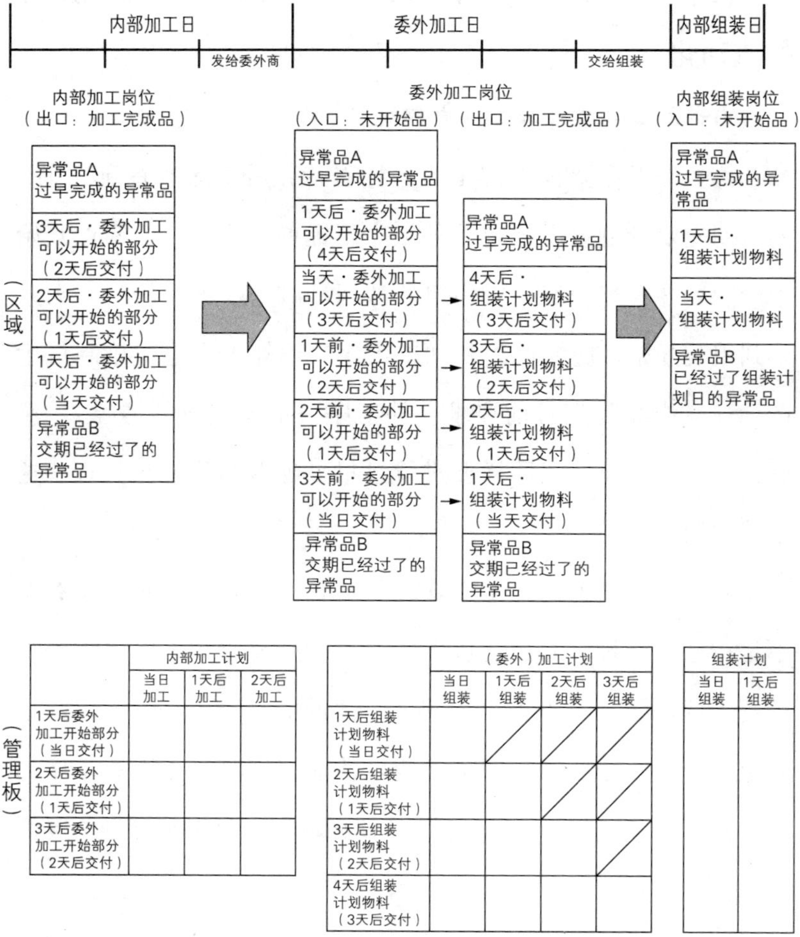

图 3-13　流动的目视化管理与问题解决（内部加工—外部加工—内部组装）

了，就放在异常品区域 A 中，异常品（过早交付品）不予办理进货手续，或者可以让委外加工商带回去。

④针对各类异常（延迟、过早）进行原因追查，防止异常

品的再发，通过这些，使流动稳定化（使其按标准进行流动）。

⑤按标准进行流动后，要将其改善为流动天数更短的话，先要缩短标准（基准提前期）。例如，原来的标准是在组装前4天进行加工，缩短为3天前至1天前。之后，同样通过改善使流动加快。

内部加工—外部加工—内部组装

①这里只要把委外工序看成和内部工序一样进行改善就可以了。根据委外加工的后工序（内部组装）的组装日计划，决定委外工序提前多少天（a天）开始生产的标准，从而确定“组装计划日-a天=委外生产开始日”，于是，再前一天就是内部加工的交期了（委外生产开始日的前一天，内部加工必须完成的情况下）。

②委外工序的入口处，与组装一样，放置提前三天、两天、一天、当天生产的物料及一天后生产的物料，实施延迟、过早的管理即可（图3-13中间、a=4的情况）。

③内部加工也一样，先确定委外工序开始加工前多少天（b天）开始内部加工，委外生产开始日-b天=内部加工可开始日，从这个时间点到外部工序开始加工前内部加工也要做加工日计划（图3-13左侧、b=3的情况）。

④后工序与设在内部的情况一样，内部加工完成后、委外加工前的在制品，是否按那样的标准在流动，用目视的办法进

行管理，有异常（延迟、过早）就可以被发现了。

⑤针对各类异常（延迟、过早）进行原因追查，防止异常品的再发，通过这些改善，使流动稳定化（使其按标准进行流动）。

⑥按标准进行流动后，要将其改善为流动天数更短的话，先要缩短标准（基准周期）。例如，原来的标准是在委外加工开始日前3天进行内部加工，缩短为2天前至1天前。以后，同样通过改善使流动加快。

(3) 零部件采购（零部件供应商—内部组装的情况）的流动化

①到货在组装的前一天时，在组装工程（内部）的入口处，规划出当天及次日组装的两个正常品放置区，分别贴上当天组装计划中的部件表及次日组装计划中的部件表。部件从供应商处送来时，在表中勾去，那样就可以发现是否有异常品（延迟）了。

②在组装工程（内部）的入口处，也要规划出异常品A（提前交付品）区域、异常品B（过了组装日的异常品）区域。次日计划中没有的部件（延迟品除外）送过来的话，就放在异常品区域A，作为异常品（过早交付）不做收货处理，或者让供应商带回去。

③针对各种异常（延迟、过早）要进行原因调查，推进了那些异常再发防止工作，流动也就稳定（按标准流动）了。

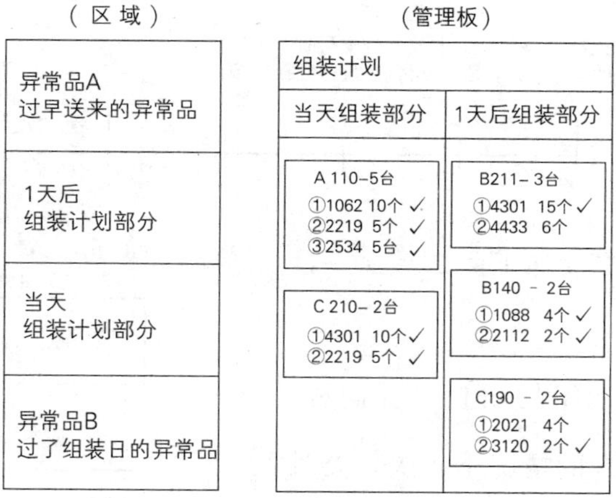

图 3–14 流动的目视化管理与问题解决（部件供应商—内部组装）

物料流动单位的注意点

①与供应商、委外加工商和公司内部实现流动化相关的交付频度问题：

给委外加工商，或者供应商与委外加工商不是每天送货，而是 2 天送一次货的话，按下述实行目视化管理。

- 外部送货为 2 天一次的情况

在组装的入库处，当天组装计划部分、次日计划部分的基础上，还要加一个后天组装部分的正常品放置区，用同样的方法进行管理。因为 2 天交一次货的话，次日组装计划的部分和后天组装计划的部分是同时送达的（图 3-15）。

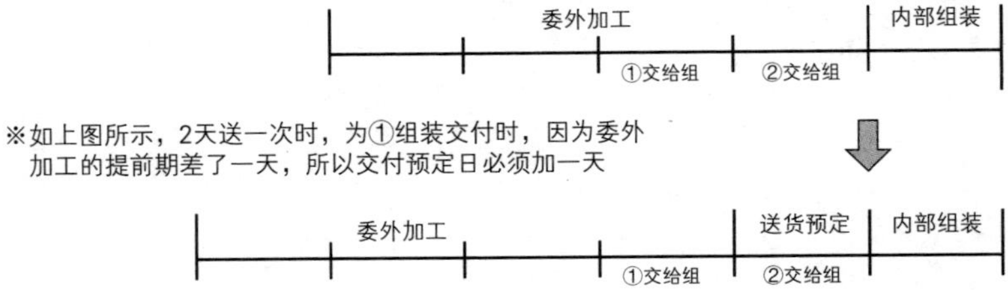

● 向委外加工商 2 天送一次的情况

加工工序的出口处，同样，在 2 天一次的情况下，次日委外加工可开始的部分的基础上，再增加一天，即后天委外加工的部分也是同时发出的（图 3-16）。

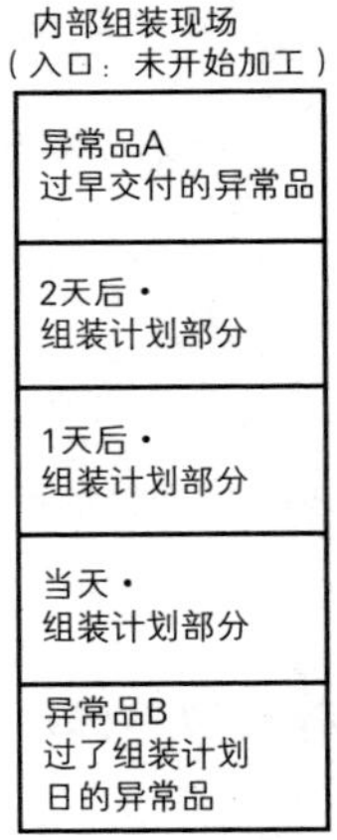

图 3-15　2 天送一次的情况

如此，2 天一次的发出或送达，比方说送达日为周一、周三、周五（周六工作、周日休息）时，后工序周四要的物料，周三送达即可，但后工序周五需要的物料也必须在周三送到（后工序生产前一天交货的情况）。由此，以后工序的计划为基准，确定委外工序加工开始日，委外加工商必须按后工序周五生产计划将生产周期缩短一天。这就要求委外加工商始终保证生产周期短一天，不得比标准多一天，否则流动的速度就会下降（周期变长了）。因此，需要进行改善，保证每天的交付达成。

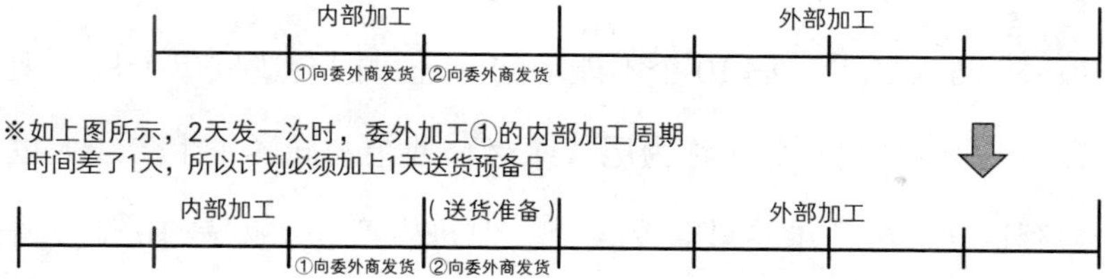

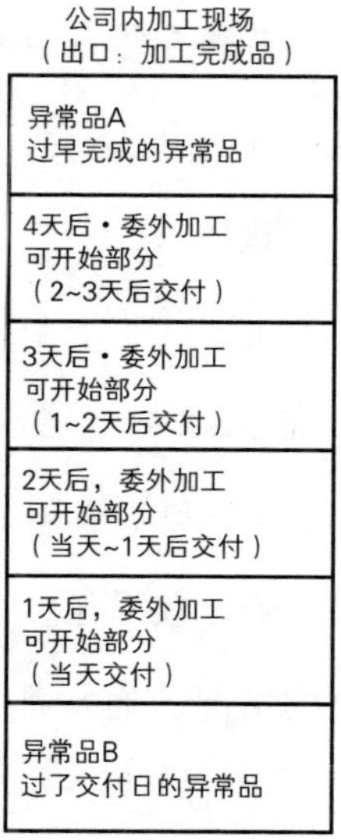

图 3-16　2 天发一次的情况

另外，如果能保证每次送货的装载率，每天可以不止送 1 次，而是半天 1 次，甚至是以 2 小时为单位进行送货，这对提高流动的速度（周期缩短）是有利的。

有的时候，可以考虑和别的公司共同配送，一次到几个委外加工商处进行送、取货，这样在不降低装载率的前提下，也可以缩短交付的间隔时间。再有，为了解决这样的物流问题，也可以将内部的场地租借给委外加工商，让委外加工商在本公司内进行生产。

②当发生小于一个最小采购单位、最小生产单位的尾数库

存的问题时：

1）尾数库存的发生

想要按计划采购，但是，有最小采购单位的规定，例如，想采购6个，但不满10个不能采购（还可能会造成单个成本上升），就会产生4个（称为尾数库存）残余。同样，生产线上也会有这样的事，虽然只需要3个，但每生产一次就是10个，将产生7个尾数库存。

最小采购单位在2个以上的情况下，必须在零部件进货区域规划出尾数管理位置。应该做到随时掌握有几个、什么种类的尾数，下次下采购订单时，只采购不足的数量。

例如，要采购6个，但一次至少要采购10个时，就会剩余4个尾数库存。下次必要数为12个时，先扣除4个尾数库存，再下单采购不足的8个。只是，在最小采购单位为10的情况下，只能一次下10个订单，还将会产生2个尾数库存。

除了最小采购单与采购订单数一致的情况，通常都会发生尾数库存，同样需要进行管理（表3-1），但不会发生尾数库存大于最小采购单位数的情况。因为按不足的部分，以最小单位进行下单的，不应该出现更多的库存。因此，最小采购单位越小，尾数库存的平均数量也就越小。

同样，在最小生产单位确定的内部生产工序上，也会发生尾数库存。这个工序上也要随时掌握有几个、什么品种的尾数库存，下一次后工序要货时，即，得到生产指令时，先扣除尾数库存，不足部分再进行生产。只是，不足部分不满一个生产单位时，仍然要按最小单位进行生产，还会发生尾数库存，这些也要用同样的方法进行管理。

表 3–1　最小采购单位为 10 个的情况

	必要数	采购数	尾数库存数
9月10日	6	10	4
9月15日	12	10	2
9月17日	8	10	4
9月18日	7	10	7
9月21日	6	0	1
9月25日	9	10	2

※尾数库存不超过最小采购单位
= 最小采购单位越小，尾数库存的平均数量也就越小
……流动就越顺畅

2）尾数库存在本工序上自行管理

虽然有最小采购单位、最小生产单位的限制，只给后工序必要的数量，尾数库存在本工序上自行管理。后工序与最小采购单位、最小生产单位无关，只需要告诉前工序需要什么、需要多少、什么时候需要就可以了。尾数在产生的工序上管理（采购的零部件就由采购部门进行管理）。本工序根据后工序委

托的数量减去尾数库存后，不足部分再进行采购或生产。能够削减尾数库存的是工序自身，由工序自己进行尾数管理，可以让其保持削减库存的问题意识。

3）最小生产单位向 1 靠近

生产工序上有最小生产单位要求，是由下面的情况造成的。但是，如上所述，只按必要的数量流动，可以让流动的数量加快，是我们的改善课题，也是竞争力的体现。

• 出于设备的原因，不得不集中生产

→改善成为可以一个一个生产的设备

• 因为搬运箱子的问题，不是那样的数量单位就没法搬运

→改善成为可以按必要数量搬运

• 因为需要增加换型次数，不愿意以低于最小生产单位的数量生产

→通过改善，缩短换型时间，即使增加换型次数，也不会有问题

【专栏 3】

对于最合适生产批量的误解

库存成本+换型成本=总成本，因此认为，总成本最小的批量是最合适的批量，但把这种“最合适成本生产”当作“最好”的想法是不正确的。公司如果以最合适批量、最小成本进

行生产，而其他竞争对手以更低的成本进行生产，是不能在竞争中取胜的（图 3–17）。不要被最合适批量迷惑，应该千方百计地让换型成本接近于 0（即换型时间等接近于 0），使最合适的批量为 1 个，这样才能让总成本下降。

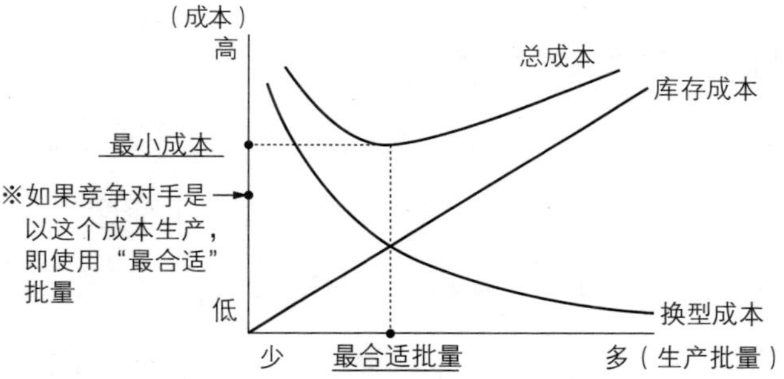

图 3–17　即使按最合适批量生产也不一定能在竞争中获胜

【专栏 4】

集中采购真的便宜吗

最小采购单位为 10 个时，如果勉强要求采购 6 个，每个的价格可能会上浮 20%。但是，如果下单采购 10 个，而只使用 6 个，另外 4 个没有用的话，结果不只是上浮 20%，而是以将近 2 倍的价格购入了。

购买 10 个 ………………………… 100 日元/个

购买 6 个 ………………………… 120 日元/个

购买 10 个，4 个没用 ………… 167 日元/个因此，虽然看起来集中采购的价格低，但因为发生了死库存（不用的库存），成本反而上升了。另外，如果没有尾数库存，那些放置空间不需要了，管理也省事了。综合下来，会选择哪个呢?

（4）供应商、委外加工商的下单时机

向供应商、委外加工商下单的时机和物流同样需要改善。下单的时间迟了，容易导致供应商、委外加工商交付延迟。而下单太早了，之后如果有规格、数量的变化，会增加重新下单、订单变更等的手续。

因为是在变更之前下的单，所以会增加变更的手续，如果在变更后下单就省去了变更的手续。不是在接到销售订单后，立即下单采购；把时间算紧凑了再下单，因变更而增加手续的可能性就变小了（图 3-18）。

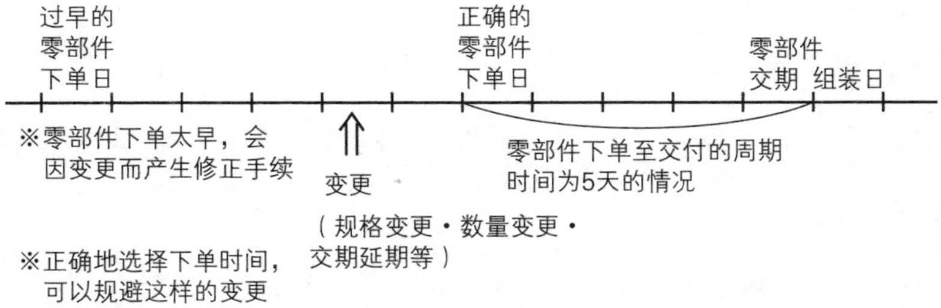

图 3-18　下单日的正确设定

①首先确定供应商、委外加工商在下单后几天可以交付（确定下单交付的基准周期）。在组装计划日前一天到货的情况下，即组装日的前一天为供应商、委外加工商的交期，则下单时间=交期-基准周期+1天。

＊这里的下单基准周期，下单日、交期都是以天为单位计算的。例如，下单后次日交付时，周期不是1天，而是按2天来计算。因此，将交期减去周期，还要加上1天，作为下单的日期。

②订单上不仅要注明交期，还要注明下单日期。注明下单日是为了用下单日管理板对订单进行管理，不到下单日，不下单。

另外，不到下单日，不制作订单，这样的做法也可以减少变更的麻烦（订单的修改等）。

③进一步缩短周期，规避因变更而产生麻烦的可能性更大。

【示例2】

H公司针对销售订单，根据各工序的基准周期，制定了各工序零部件到货计划。各工序根据交期发出加工委托书，并据此进行生产指示与交期管理。

从出货日向前推算，尚不需要下单的部件，应将其委托书放入下单日管理板，到了下单日，再将其取出进行下单操作。这样做不但可以防止过早下单，也可以防止漏下单（图3-19①）。

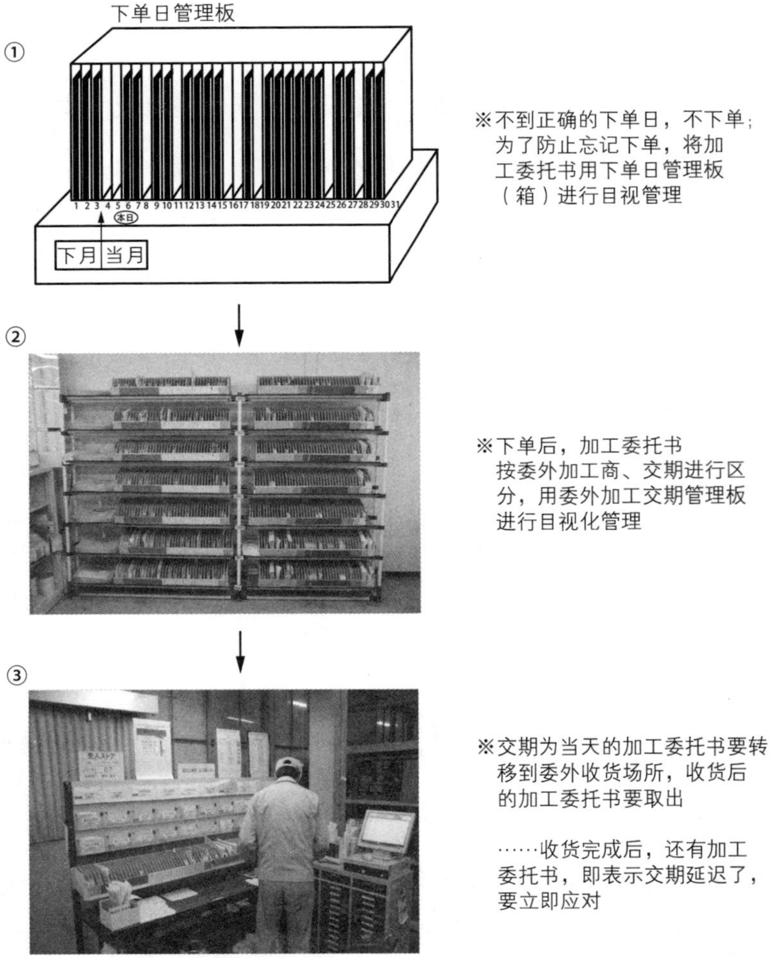

图 3-19　下单日、交付日的目视化管理

已经向委外加工商下达的订单，加工委托书的管理，是将其放入委外加工交期管理板（图 3-19②），交期当天将其移动到收货场所，收到货后，将其取出（图 3-19③）。如果当天收货完毕后，仍然留在那里，就表示交付延迟了，任何人都能马上发现。这样有利于尽早地进行处理及再发预防。

3-3 // 补充生产的情况

这种生产方式是看板管理的代表性方式。这种生产方式是：首先确定库存量，再进行生产，后工序用掉多少就补充生产多少。

这是一种确定基准量，并进行保持的方式。为了使流动性更好，这个库存量要保持在基准量以下，并使之稳定。进一步下调基准值，或者改变生产方式本身，可以使流动更快（库存削减）。

补充方式使流动稳定化

↓

维持补充生产方式，减少库存量（改变基准值）

↓

改为计划生产方式（接单生产），没有库存的流动（方式的改变）

①补充生产方式的流动化

1）确定库存的上限是多少（上限值）、用掉多少个之后补

充（每一次的生产量）。针对补充生产方式的对象产品或者零部件、在制品，确定这两个基准值（图 3-20）

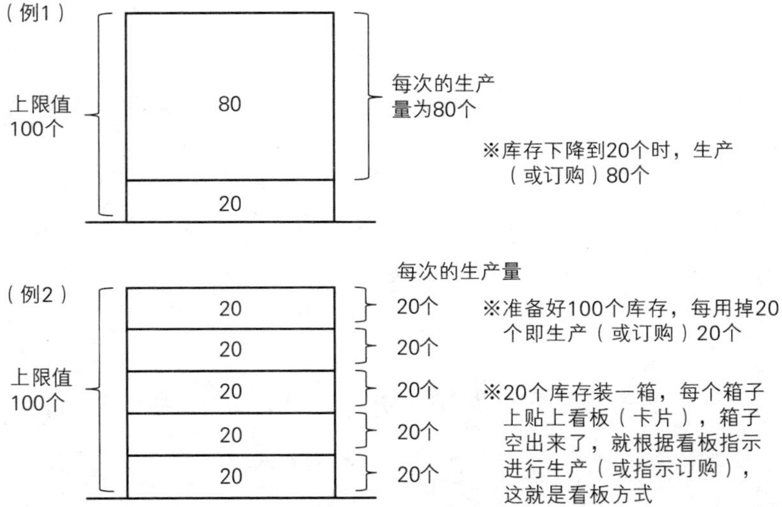

图 3-20　确定补充生产方式的两个基准值

2）基准值确定后，如果不遵照执行，库存就会增加，或者造成断货。所以必须进行目视化管理，以便发现规定能不能执行，或者有没有按规定执行。

所谓看板方式（生产指示看板或采购下单看板），是将一次生产量（订购量）的看板按上限值制作［例如：1 次生产量（订购量）为 20 个，上限值是 100 个时，100÷20＝5 张］，在一次生产量（订购量）的库存物料上贴上看板，这些库存使用后，将摘下的看板发给前工序（供应商）作为生产指示（订单）。

【示例3】

P公司的某零部件库存数上限设定为80个，用掉20个后就补充20个。每箱装20个，每个箱上贴有卡片。卡片上标有零部件名称、数量（20个）、供应商、下单至交付的周期、货位号（公司内放置该零部件的场所）。该部件使用掉20个后，箱子就空出来了，将这一张卡片交给下单担当者。下单担当者看到该卡片后就下单。没有卡片不能下单，就不会有超出上限的库存发生。

这张卡片下单后，贴在交期管理板的这个交期上栏内。到了交期，就将这张卡片从管理板中抽出，和20个部件一起放回到货位上。如果交付日当天，部件没有来，卡片就留在了交期管理板上，交期延迟就看得到了。

②在补充生产的前提下，降低库存

在补充生产的条件下，通过改变上述2个基准值来减少库存（图3-21）

1）改变上限值

上限值的计算方式为：

上限值=平均使用量×生产（采购）周期+1次生产（订购）

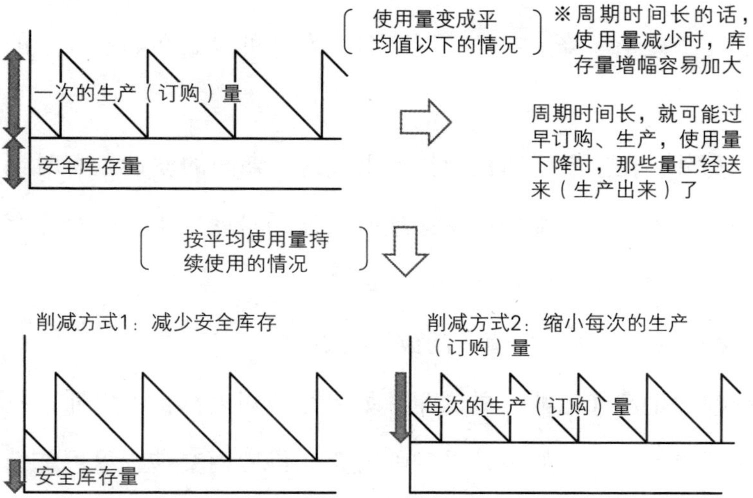

图 3-21　在补充生产的条件下加快流动（库存削减）

量+安全库存量

因此，生产（采购）周期缩短就可以降低上限值。

但是，外部订购的物品，这个上限值即使下降，平均使用量如果不变的话，实际发生的库存不会减少。为什么呢？因为实际的库存量理论上是按照安全库存量与（安全库存量+每次订购量）的范围变化的。只是在实际使用量大幅低于目前为止的平均使用量等情况下，生产（采购）周期短的产品，其库存量不会增加。

安全库存是为了在生产（采购）周期内，使用量有波动（比平均值更大）时也不会产生断货而计算出来的。因此，针对波动如果设定了太多的安全库存，可以将安全库存重新设低，使上限值下降。这样，下降后，库存可以始终处于较少的状态。

另外，在生产周期长的情况下，这一期间的波动量有时也会较大。生产周期缩短，这一期间的波动量就减少，安全库存就减少，这也是降低上限值的方法。

2）每次生产（采购）的数量改变

每次生产（订购）的数量，如果是公司内部，可以通过改善来尽可能缩小，如果是采购的就要和供应商交涉，尽可能缩小。每次生产（订购）量减少的话，库存削减量将是生产（订购）减少量的50%。

③补充生产方式转为计划生产（接单生产）方式

补充生产方式是通过保有库存来应对的生产方式。如果能够采用计划生产方式进行生产，可以进一步削减库存。

其改善可以按下述步骤进行（图3-22）。

1）针对各类零部件、产品，明确以下两点：

• 期限A

接单后，到使用零部件或产品为止的周期。例如，如果在出货前10天可以确定订单，该工序必须在出货前4天生产，该工序使用的零部件的下单至交付使用的周期为：10天-4天=6天。

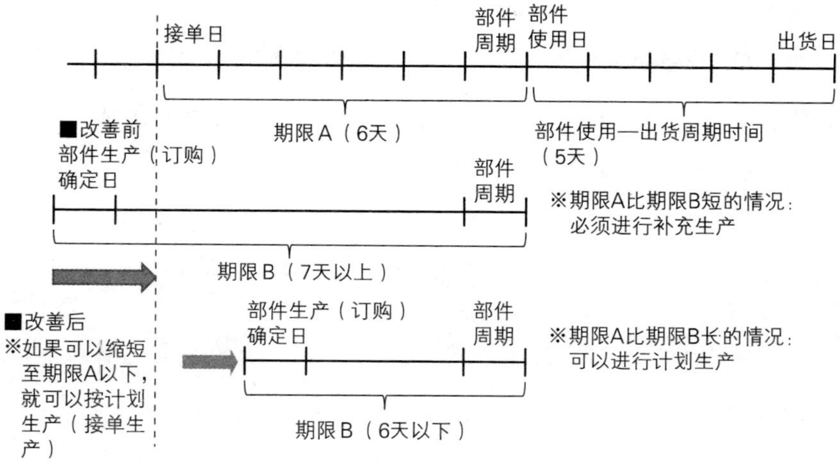

图 3–22

• 期限 B

该订单使用的零部件或产品的采购、生产确定后到采购、生产完成的周期。

2）通过期限 A 和期限 B 的对照，决定生产方式

• 期限 A 比期限 B 短的情况

不得不采用预测生产，即采用补充生产（也有预测使用量进行计划生产的情况）。

• 期限 A 比期限 B 长的情况

订单确定后，可以进行采购、生产，可以采用计划生产（接单生产）方式，只做必要的数量，不会产生更多的库存。

3）增加按必要数生产的计划生产（接单生产）方式的

对象。

4）按必要数生产的计划生产方式可以削减库存。为了在接单后开始生产也来得及，缩短各零部件、产品的期限 A 成为改善的课题。

【示例 4】

M 公司是一家食品加工厂。公司针对订购的全部原料做成了一览表，记录了以下数字：

a. 接到订单后到原料使用时的周期

b. 原料确定后订购到交付为止的周期

c. 最小采购单位

M 公司根据这些数字，把原料分为下述 3 类，记录在不同的表中：

- 表 1（接单订购品 A）

b 的周期比 a 短（接单后再订购也来得及），并且最小采购单位为 1 的物品（可以按需要量订购的物品）。

- 表 2（接单订购品 B）

b 的周期比 a 短（接单后再订购也来得及），并且最小采购单位为 2 个以上的物品（会产生尾数库存的物品）。

- 表 3（预测订购品）

b 的周期比 a 长（接单后再订购就来不及的物品）。

表 1 中的原料（接单订购品 A）不需要指定场所进行保管。接单后，按必要量购入，不进入原料仓库，建立直接上线的体制。

表 2 中的原料（接单订购品 B）也是直接送到生产线。但是要设置用于保管生产线上余下的尾数库存的场所。订单来了后，按照“订购数=必要数量−尾数库存（未安排用途）”计算，并且制定了当不满一个最小采购单位时，按照一个最小单位的方式采购的体制。

表 3 的原料（预测订购）先进入仓库，再从仓库按必要量送到生产线。仓库内按原料各类分别设立保管场所，挂上看板，进行下单及库存管理（图 3-23）。

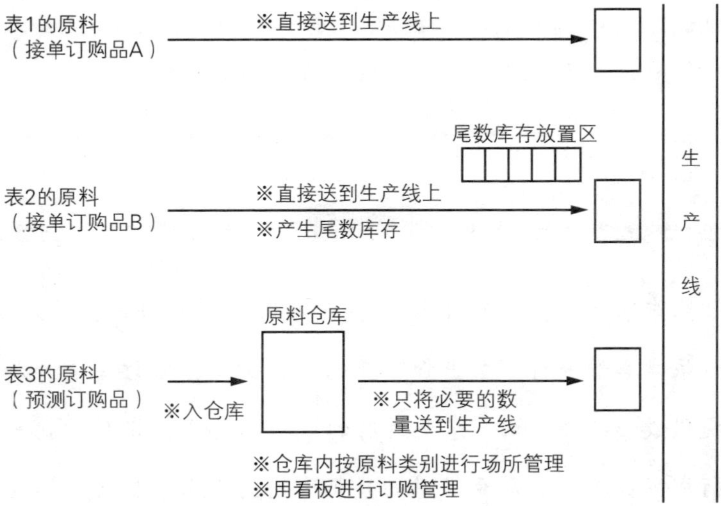

图 3-23　建立基于订购方法的物流及其管理方法

另外，当使用新型的原料时，该原料按同样的基准进行判断，划分到 1～3 中的某一类，确保可以用同样方法持续进行管理。

再进一步，为了削减库存，按下述表 3 至表 2、表 2 至表 1 进行升级改善，即使不能升级，也要通过改善削减库存，并且将这样的活动不断地持续下去（图 3-24）。

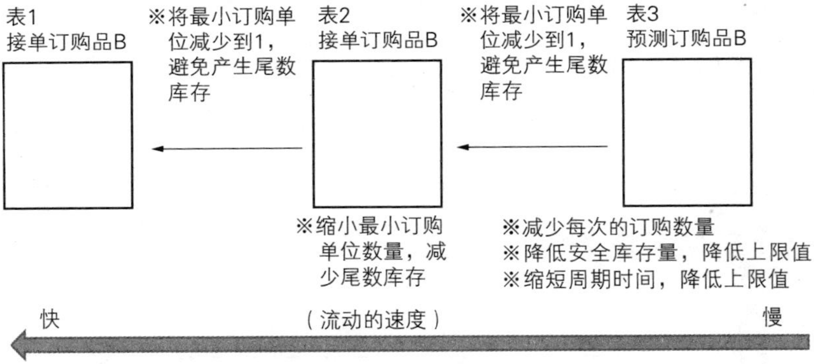

图 3-24　建立可持续的流动快速化改善体制

【示例 5】

汽车零部件生产商 T 公司在内部进行塑胶成形，其加工、组装依靠委外进行。从出货日开始进行倒算，制订向委外加工商提供成形品的计划。想要所有的成形品都在提供日的前一天进行成形加工，成形至提供的目标时间为 2 天。但是，因为换型的次数增加，导致来不及提供。因此，决定按产品各类，将几天的量集中进行成形，提供给委外加工商，并按此规则制订成形计划。用了这样的生产方式，比起提供日前一天进行成形生产来看，流动性更差了（增加了成形后、提供前的库存），但没有发生集中天数以上的库存（表3–2）。

表3–2　通过集中的天数制度化优化了流动性

■ 目标描述

集中天数为1天：理想的状态是当天只生产第二天要提供的部件［成形后、提供前（库存）只有1天的量］……必须在提供计划日前一天完成的情况

	1日	2日	3日	4日	5日	6日	7日	8日	9日	10日	11日	12日	13日	14日
成形计划	250	350	200	250	250	150	400	400	300	350	300	…	…	…
提供给后工序的计划		250	350	200	250	250	150	400	400	300	350	300	200	…

■现在的规则

集中3天的量：设定的规则为提供计划日前3天的量在当日集中成形也可以的情况［成形后、提供前的停滞（库存）最大为3天的量］

	1日	2日	3日	4日	5日	6日	7日	8日	9日	10日	11日	12日	13日	14日
成形计划	800			650			1100			850			…	
提供给后工序的计划		250	350	200	250	250	150	400	400	300	350	300	200	…

※集中的天数越少，停滞（库存）越少，换型次数增加

另一方面，为了让流动尽可能顺畅（库存减少），经常要对集中生产的天数进行修正。例如，销售量下降的产品的集中天数减少，稳定的畅销可能性大的产品的集中天数增多，尽可能防止因滞销而造成长期呆滞的事情发生。

还通过换型时间的缩短，增加了换型次数，使集中的天数减少，进一步优化了流动（库存削减），不断地推进改善。

3-4 // 计划生产与补充生产的组合

实际上，只生产接单部分的计划生产方式、按预测进行生产的计划生产方式和补充生产方式相结合的生产方式是最常见的。

接单后再开始采购、生产也来得及，为了避免库存，采用按订单生产的计划生产（接单生产）方式，来不及时，按计划生产（预测生产）或补库存方式生产进行应对。

【示例 6】

生产建材零部件的 K 公司的产品，很多形状是相同的，但喷涂的颜色多种多样。公司采用的生产方式是：喷涂前的零部件按补充生产方式，保有一定的库存，接单后，按接单的数量进行喷涂、组装并出货。喷涂后的零部件有可能会长期滞留，

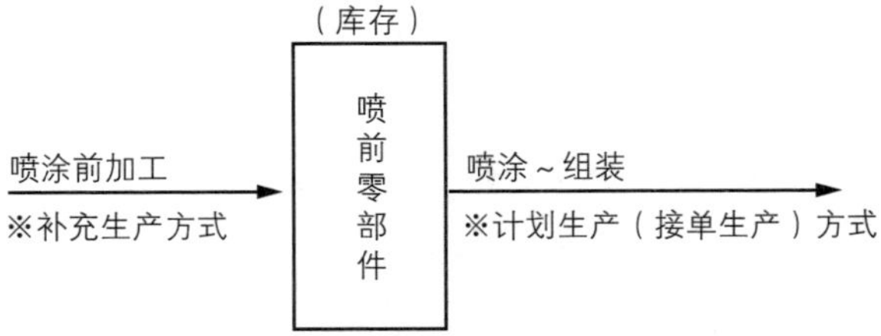

图 3-25　补充生产方式与计划生产（接单生产）方式的组合

不管什么颜色，如果以喷涂前的状态保有库存，虽然会有一定的库存，但成为死库存的风险较小（图3–25）。

【示例7】

生产机械工具的D公司中，加工材料A的采购周期为8天、加工材料B的采购周期为2天，其后为加工2天、组装1天、出货1天，合计12天。

由于从接单到出货只有7天的时间，加工材料A只能采用预测订购。加工材料B从采购、加工到组装，在订单确定后也来得及，所以按必要数采购、生产。库存只有加工材料A（图3–26①）。

为了与对手进行竞争，接单至出货的周期调整为3天。零部件A和零部件B的采购及加工都只能采用预测生产方式。生产方式切换到了保有加工材料A和B的库存及加工完成后的在制品，或者只保有在制品。因为采用了预测生产，库存量超过了至今为止的数量（图3–26②）。

但是，通过后来的改善，加工至组装的周期从3天缩短到了1天，从加工工序开始就可以实施接单生产了。之前采用预测生产形成加工工序到组装之间的在制品库存得到了削减，生产方式进行了切换，只需保有加工材料A和B的库存（图3–26③）。

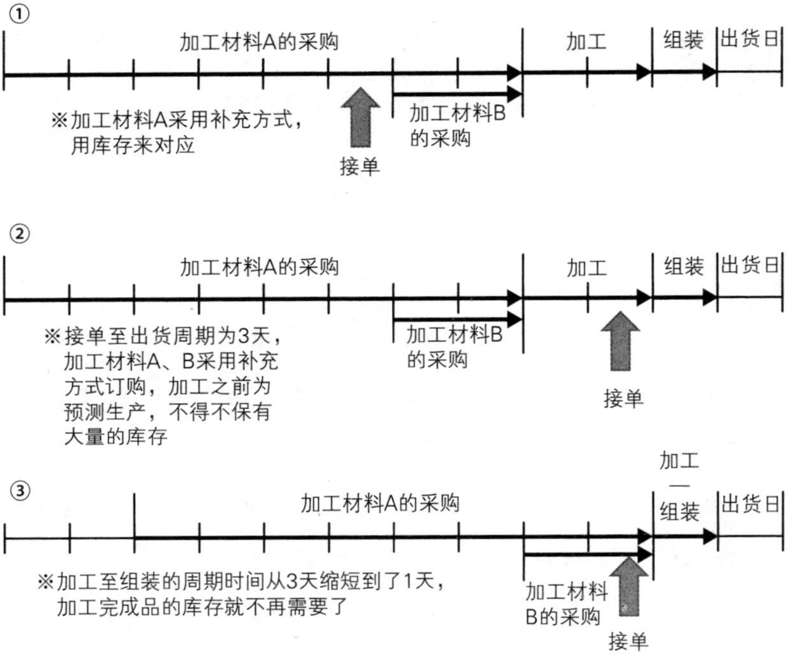

图 3-26　缩短周期，扩大接单生产的应用范围

这里是重点！

面向流动化的改善是流动稳定化改善和流动快速化改善两个方面的交替反复。首先要确定以何种方式、基准进行流动。为了使其按基准进行流动的改善是流动稳定化改善。进一步建立流动体制，改变方式、基准是流动快速化改善。

第4章 挑战一个流

根据后工序必要的数量，以天为单位供给，进而以小时为单位供给、进而……按这样的节奏缩小单位，最后，根据后工序的需要一个一个地供给，这就是一个流。

简单说，该工序加工完1个后，立即转移到后工序进行加工，再到下一个工序，这样的加工方法叫作一个流。这样做的话，工序间就没有停滞品（停滞时间）了，流动速度就快了。

通常，这些工序都是连在一起的，由一个人或几个人进行分工，工序间没有在制品，实现流动生产。但是，想要让产品一个个地流动，会碰到问题，甚至在某些情况下无法实现一个流。解决这样的问题的过程，就是面向一个流的改善。

4-1 // 一个人生产的一个流

最简单的一个流就是由一个人负责从第一道工序开始，直到最后一道工序的生产，并不断地循环，即“一人生产”的方法（图 4-1）。所需零部件和生产设备集中在一个地方，像这样一个一个地流动生产就构成了一个流（图 4-2）。

但是，一个人生产时，因为工序中有自动设备，前工序必须等到它加工完成，这时就产生了在制品，岗位作业人员的效率会下降。为了规避这种情况，自动机上放一个在制品（这叫

图 4-1　一个人生产的一个流

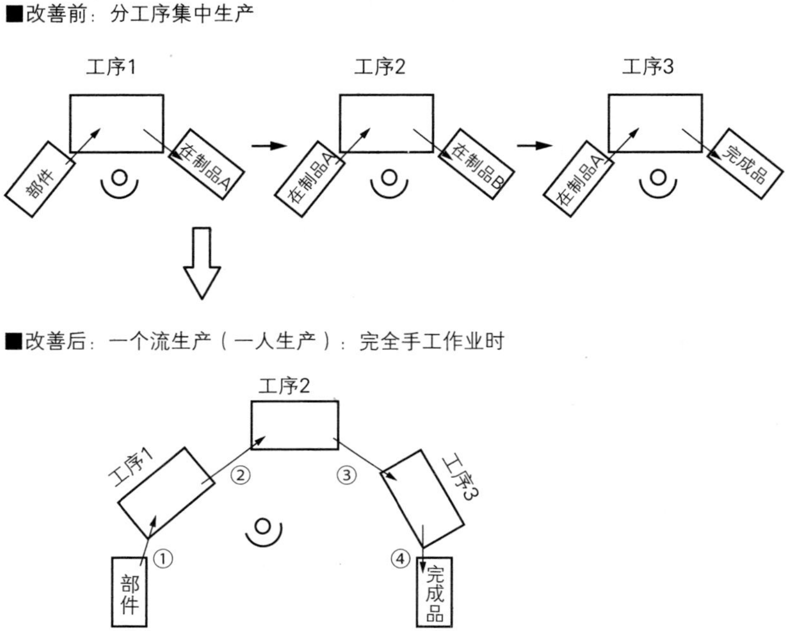

图 4-2 从分工序集中生产到一个流生产（一人生产）

“标准在”制)，使其进行自动加工。在这个过程中，人可以做其他的工作。增加了一个在制品，停滞时间会略有增加，这是为了保证生产效率不下降的要点（图 4-3）。

一个人生产的一个流与多人分工的一个流相比，生产时的生产效率更高，换型作业的总时间一般也较短。为什么呢？因为分工作业时，作业员会增加取放的作业。还有就是作业员之间的平衡不能完全做到时，会有时间损失（等待时间）发生。换型作业时，也同样会有时间损失（等待时间）发生（图 4-4）。

■改善后：一个流生产（一人生产）：部分工序为自动设备时

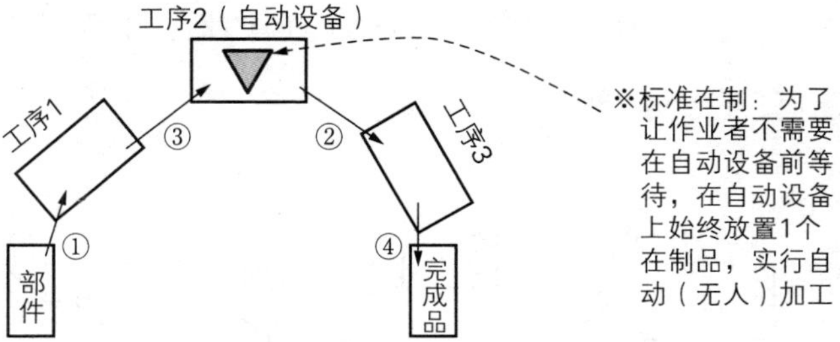

图 4-3　一部分工序采用自动化的一个流做法

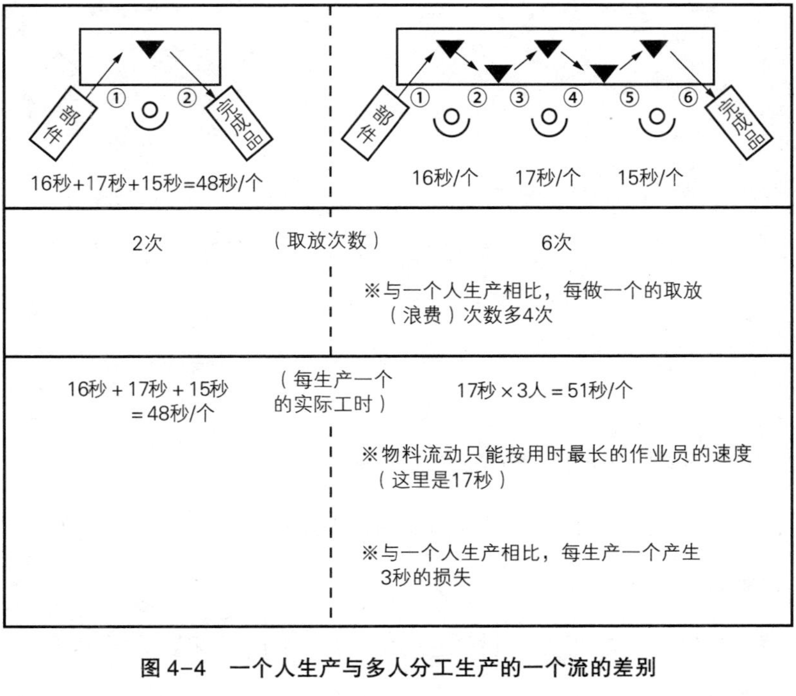

图 4-4　一个人生产与多人分工生产的一个流的差别

另外，当生产的品种变化，没有分工时，作业者之间的工作量平衡管理、改善也就不需要了。

但另一方面，要实现一个人生产的话，下面的课题必须解决（图 4-5）：

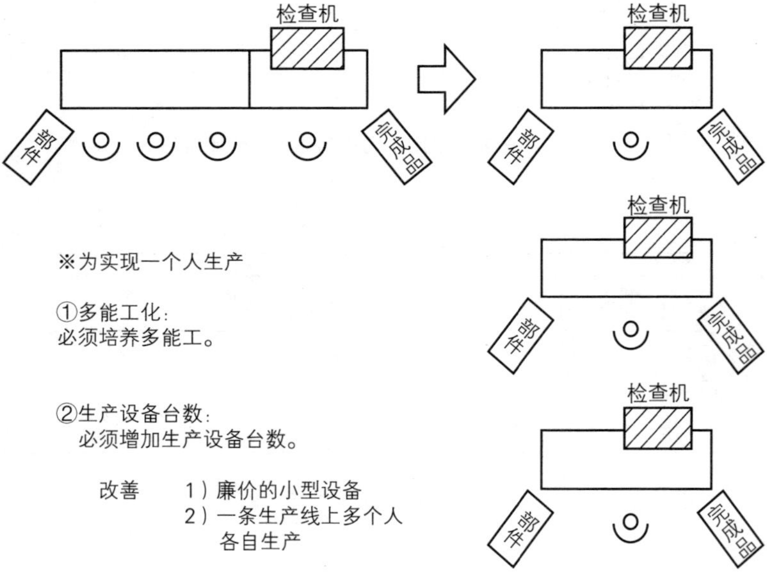

图 4-5

①多能工化的问题

一个人生产的话，多道工序必须由一个人来做，即必须能做所有的工序。

要培养多能工，让员工会操作各道工序，必须在安排日常工作时，变换员工的作业内容，并进行有计划的多能工化的教育等。

②生产设备台数的问题

当一条一个人生产的生产线不能达到需要的生产数量时，需要设立多条一个人生产的生产线。但是，需要的设备台数必须按生产线进行配置。

这些问题可以采用下列方法进行应对。

1）开发廉价的小型设备

应该将昂贵的、大型的设备做成廉价的小型设备。这样就可以做数台，在每条线上配置。廉价、小型设备的制作要领参考下述（图4-6）。

图4-6

• 按所需的生产速度（节拍），不需要太快

原本必要的生产速度是多少，清楚后再制作设备。因为担心数量会不断增加，所以想着“速度再快点就好了”，最终制作

了高速的设备。高速的设备需要有精度，造价也就高了，同时，为了保证足够的强度，容易做成大型设备。

如果1天（8小时）的必要量为480台，每台的节拍时间就是1分钟。只有一条生产线时，就按这个速度流动，设备也是按照这个速度工作。当由2条生产线进行生产时，每条线的生产速度可以降到原来的一半。将一条大的生产线拆成几条小的生产线，就可以把每条小线的速度降下来，这样的话，用便宜、小型设备的可能性就增加了。

● 去除多余的功能

就自动设备来说，实际用于加工的装置是非常有限的，更多的是用于将产品反转、移动等部分。表面加工后反转、内面加工后再反转，再加工表面等，有些设备有多次反转的功能。有些设备则是有纵向移动、横向移动、上下移动等功能。无用的动作不是自动化的目的，尽可能去除，这一部分的设备费用就能省下来，同时，外形也可以小型化了。

● 要考虑必要的功能是否能通过别的方法来实现

先确认这道工序要完成什么（必要功能），再确认是否可以通过别的方法来实现。例如，零部件清洗时，要确认想清洗什么。是为了洗去油、清除切屑吗？如果是为了清除切屑，比方说可不可以用空气吹？这样的话，设备费用或许要比清洗机更便宜。

2）一条生产线上的多个人各自进行生产

只有一条线的设备，这一条的多个人，也可以各自进行生产。例如，生产线上配置有2人，每个人都各自从开始做到结束。2个人做的时候按相互追逐的方式进行生产（图4-7）。

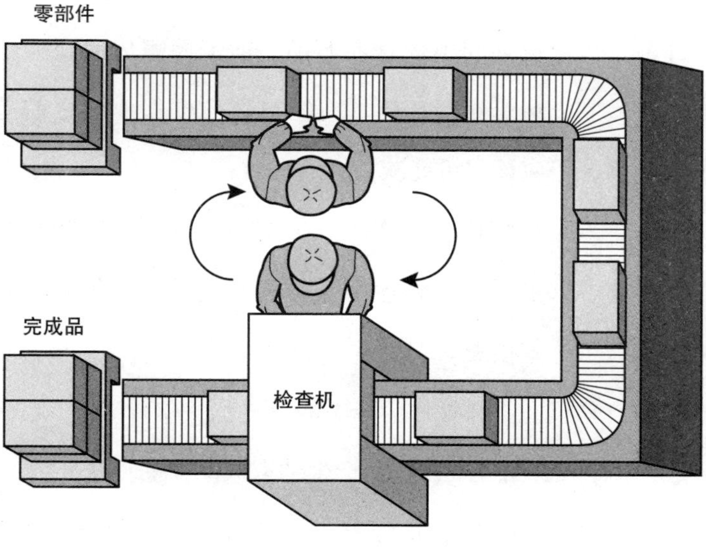

图4-7　一条生产线由2人生产改为1人生产

2人的作业速度多少会有些差异，途中难免会出现一个人追上另一个人的情况，因此，必须事先想好解决办法（例如帮助慢的人做一部分工作等），而且这个时候会产生时间损失的问题。

打算以各自生产的方式进行一个流生产时，这样的问题一旦发生，如果没有解决的办法，就只能采用分工作业了。

4-2 // 分工作业的一个流

在一个人生产的一个流的基础上，修改成为可以进行多人分工作业。作业员之间不放置在制品，前工序完成后交给本工序，本工序完成后交给后工序。有时可以允许作业员之前有少量的在制品，但应该尽可能减少。

与一个人生产相比，这样的做法增加了取放的次数，作业员之间平衡不好的话也会产生时间损失，因此，必须尽力采取措施，以减少这些损失。

①以自动机上下料处作为分工的点（图 4-8）。

（是一种减少因分工作业而产生的取放动作的方法）

在自动机上下料处进行分工，与未分工相比，不需要增加取放的次数。如果在其他节点上分工，便会使取放次数增加。

②以在制品的数量为信号，进行支援（图 4-9）。

（是一种尽力减少因平衡不好而造成时间浪费的方法）

作业员之间允许有少量的在制品，当达到一定数量时，后工序的人去支援前工序，当减少到规定量时，停止支援。这是一种可以自动调节作业员之间平衡的机制。但是，首先要考虑的应该是如何更好地平衡作业员之间的分工，然后再考虑平衡被破坏时的对策作为预备。

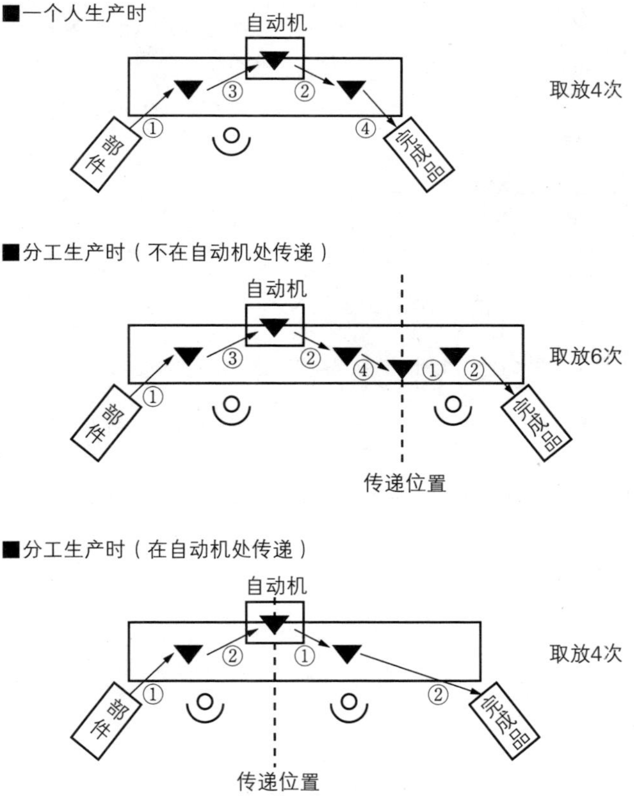

图 4-8　不增加取放的分工作业

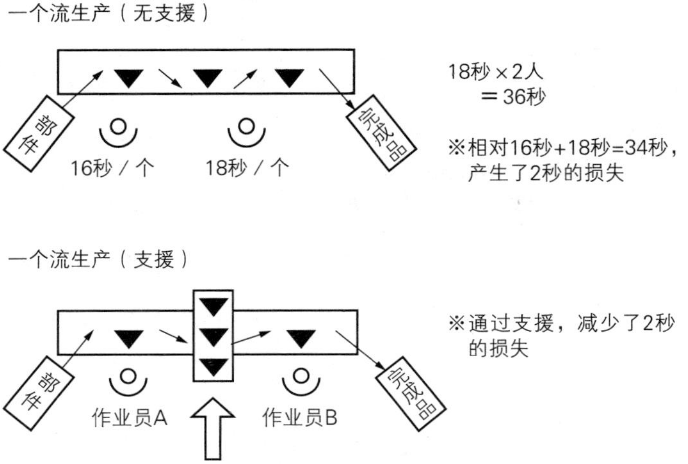

※（例）当在制数量达到3个时，作业员A将帮助作业员B做一部分作业
当在制品减少到1个时，恢复正常作业

※ 必须注意，当作业员A、作业员B中途作业范围变更时，不要发生漏工序的情况

图 4-9 作业不平衡可以通过支援来弥补

4-3 // 向多条生产线供应的工序

当某加工工序向多条生产线供应时，通常情况下，因为无法向多条生产线同时供应，加工工序与各生产线之间不得不保有加工完成后尚未组装的在制品，这是为了不让各生产线产生等待而设置的。例如，当该工序在加工向A生产线供应的零部件时，B生产线、C生产线就会停线，为此，不得不事先做好库存。加工向B生产线、C生产线供应的零部件的时候，也是一样的。

为了让这台设备也能实现一个流生产，有的公司为了实现一个流生产，将以下作为着眼点进行设备改善。

①廉价、小型化设备

制作廉价、小型化设备，配置到A、B、C各生产线，实现一个流生产。

【示例1】

U公司在零部件加工后进行清洗，供应到4条组装线。大型清洗机只有1台，向4条组装线输送的清洗完成品必须依靠库存（在制品），流动性差。清洗机的作用是去除加工时附着的

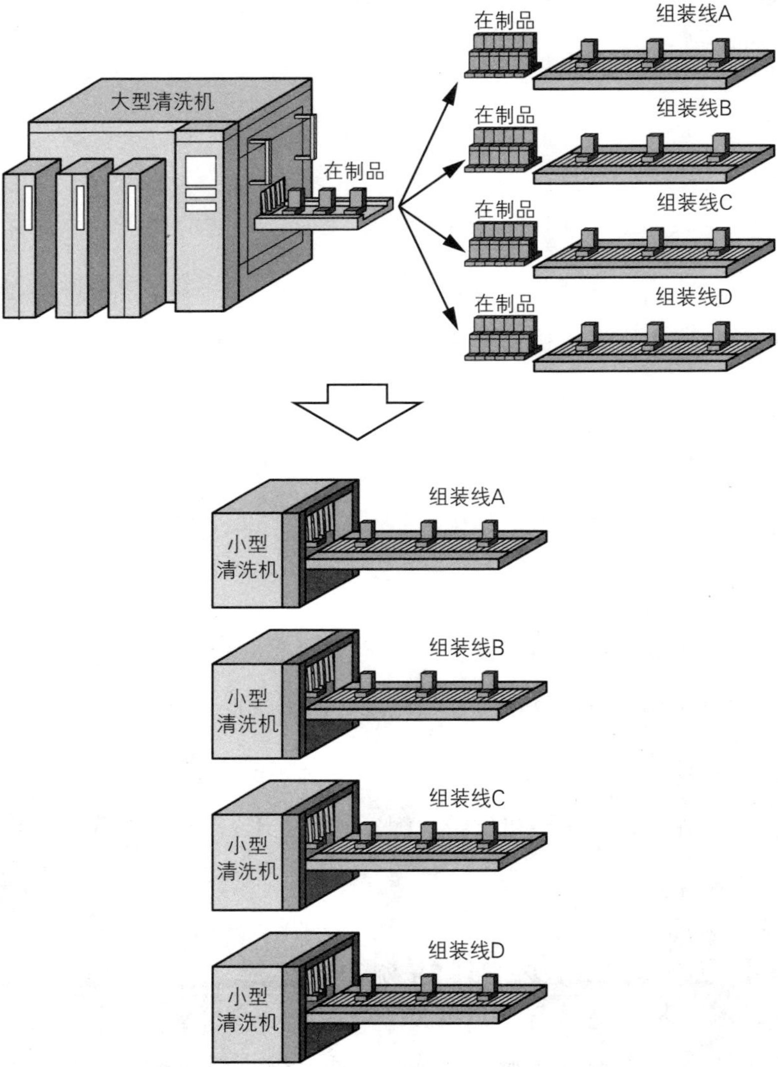

图 4-10　通过小型、廉价设备的在线化实现一个流生产

油及其他脏物。通过各种各样的尝试，将清洗机小型化，并且以低廉的价格制作成功。为此，在更新大型清洗机时，代之以4台廉价、小型化的清洗机，放置在4条组装线的旁边。实现了从清洗到组装的一个流生产，清洗与组装之间的在制品取消后，提升了流动的速度（图4-10）。

②不需要换型的设备

将换型时间缩短到0或者接近于0，不同产品也能一个一个地流动，同时向A、B、C生产线一个一个地供应。

【示例2】

Y公司有3个产品分别在不同的线上组装，各产品的部件都是从铆压到组装。铆压机只有1台，在铆压机的后面，存放有3个产品的在制品库存。在这台铆压机上装上了回转治具后，只要转动治具就可以实现换型，这样就实现了向3条线同时供应了，由此，实现了从铆压到组装工序的一个流生产（图4-11）。

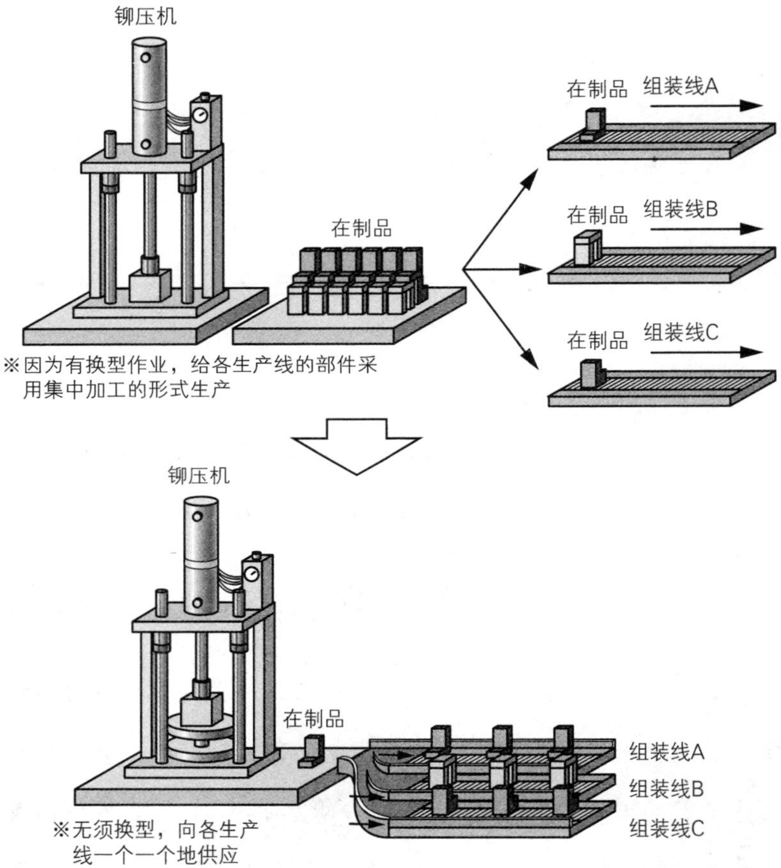

图 4-11　无须换型，同时向多条生产线供应的一个流生产方式

4-4 // 同一台设备边切换边进行多项加工时

同一台设备边切换边进行多项加工时，实现一个流是困难的。1 台设备对 10 个产品进行 2 个项目的加工时，通常是先对 10 个产品进行第一项集中加工，然后进行切换，再对这 10 个产品进行第二项集中加工（图 4-12）。1 个产品每一项加工完成后，进行切换，再进行第二项加工，完成 1 个后，再切换，对第二个产品进行加工，这样的一个流生产案例比较少见。

即使这样，也有办法从下述要点进行改善，实现一个流生产。

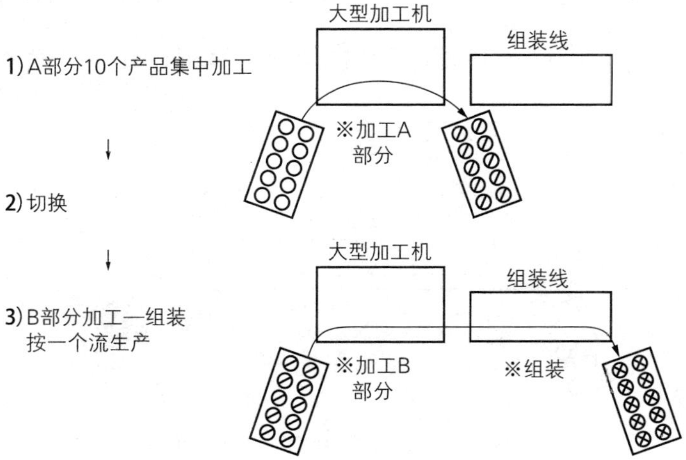

图 4-12　1 台设备进行多项加工时的一般做法（无法实现一个流）

①制作廉价、小型设备，各工序设置专用设备实现一个流（图 4–13）。

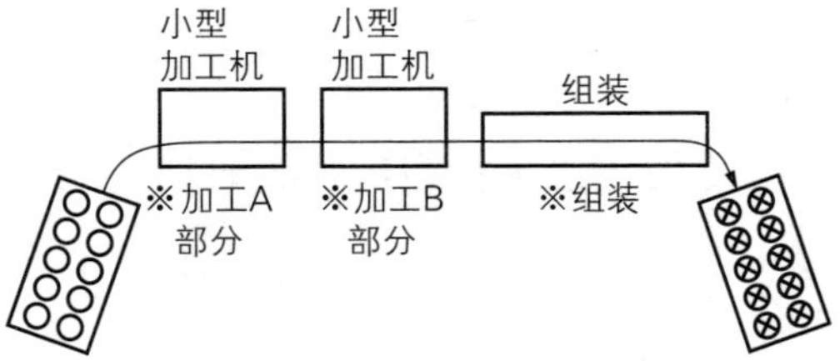

图 4–13　采用小型加工机实现一个流

②利用闲置设备，一部分的工序用这样的设备进行加工，实现一个流。即使一台设备同时加工 3 道工序，首先要确认是不是这 3 道工序只能用这台设备来加工。如果有闲置设备、简易治具，甚至手工作业可以加工的话，就将那道工序从这台设备上分离出来，在这台设备的边上放上闲置设备或者手工作业线，实现一个流生产（但必须注意生产效率不得下降，图 4–14）。

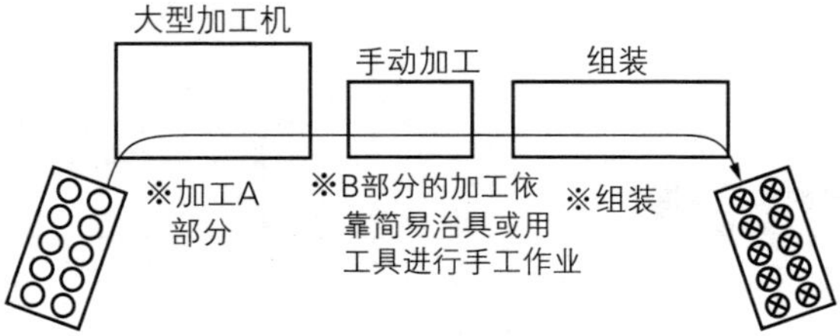

图 4–14　加入手动加工实现一个流

【示例3】

F公司利用一台自动车床对某部件进行两处加工。因此，先对一处进行集中加工，然后进行切换，再进行第二处的加工。通过改善，第二处加工的一部分内容在第一处加工、无须切换的情况下同时加工，剩下的内容利用一台闲置的手动车床进行加工，实现了一个流。同时省去了原来自动车床第一处和第二处之间的切换作业。

③无须切换的设备：切换时间缩短至0或者接近于0，第1个产品的第一项加工完成后，立即进行第二项加工，第1个产品完成后，就开始加工第2个产品（图4-15）。

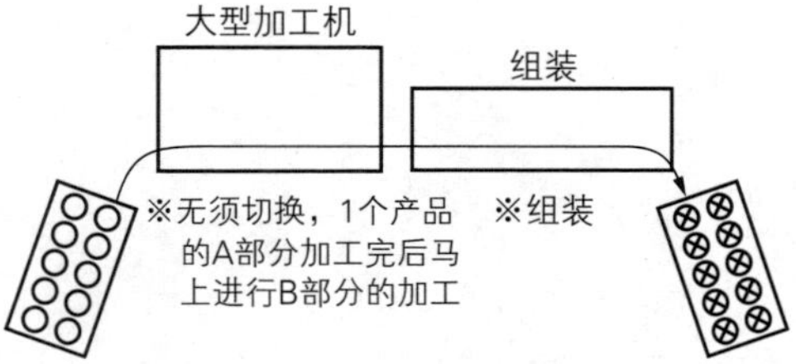

图4-15　无须切换实现一个流

【示例4】

Y公司有1台设备加工2道工序，2道工序之间需要进行来回切换。由于切换比较费时，第1道工序集中加工完成后，进行切换，再进行第2道工序的加工。针对治具采取了措施，让第1道工序的治具从开始就装在设备上，第2道工序的治具只要装在第1道工序的治具上即可。第2道工序的装卸只需要一只手进行操作，切换时间几乎为0，从而实现了第1道工序和第2道工序一个一个的连续加工。在这台设备后接上组装工序，实现了一个流，大幅缩短了生产周期。

4-5 // 面向一个流的廉价、小型设备制作案例

针对一个流的改善，这里已经叙述过多次了，可以通过制作廉价、小型设备来解决问题。

这里介绍一下廉价、小型设备的制作案例。

案例 1：喷涂室 · 干燥炉→小型喷涂室

S 公司原来是零部件加工后，在喷涂室喷涂，再到组装线上进行组装。想要让喷涂和组装按一个流进行生产，但由于加工和喷涂是分开的，所以难以实现。同时，由于喷涂线是由大型喷涂室和干燥炉构成，只能在那里进行喷涂。

但是，通过各种改善，开发出了可以直接连接在加工线上的小型喷涂室，成功地实现了一个流（图 4-16）。即使碰到了诸如环保、防火应对等各类难题，也通过大家的集体智慧得到了解决。为了缩短干燥时间（制作了小型干燥炉），还进行了快干涂料研究。

通过这样的改善，原来 S 公司从着手生产到完成为止的周期为 13 天，现在缩短到了 10 小时。

图 4-16 将小型喷涂室接入组装线，挑战加工至喷涂的一个流

案例 2：大型干燥室→棉被干燥机

N 公司在注塑成形品上进行印刷后，必须进行干燥，于是，原来是把产品送入干燥室。印刷完成品按 120 个一车送入干燥室，干燥后送到组装线也是用这个台车。干燥工序的前后都产生了停滞，流动性不好。想到是不是可以采用别的干燥方法后，N 公司用家电商店中销售的棉被干燥机开发出了可以干燥的装置。在不到 2 万日元的棉被干燥机上接了个小型干燥室（箱），在箱子里装上像观光缆车一样的悬挂装，一个一个地还可以实现先进先出。在成形、印刷工序后接上这个小型干燥装置，并且在其后还接上了组装工序，从成形到组装全工序实现了一个流。工序之间的搬运及取放工作也减少了，生产效率得到了提升。

案例 3：小型冲床→二孔冲头

K 公司的组装部件原来是通过小型冲床作业，送到多条组装生产线。小型冲床只有一台，通过在各条组装生产线前保有库存来应对。如果能够将这台小型冲床编入组装线，就可以实现一个流了。但小型冲床也不便宜。因此，考虑用二孔冲头（为了将纸张装入文件夹而冲两个孔的工具）进行改良使用。小型冲床上冲的部件也可以用二孔冲头进行加工。只要在数百日元的工具上进行改良即可。因为便宜，所以可以配置到各条生产线上，这道工序到组装为止就实现了一个流。

案例 4：清洗机→吹气

M 公司原来在加工后，用清洗机对部件进行清洗。因为只有一台清洗机，要清洗多种机械加工部件，须将清洗机移动到每台加工机旁进行清洗，无法实现一个流。确认了清洗的内容是清除切屑。这样，如果不用清洗机，只要能把切屑去除即可。这里用的是吹气装置。只要用空气一吹，切屑就去除了。也没有必要搬运到清洗工序了，装在加工机械旁就可以实现一个流了。

案例 5：研磨→不需要研磨（取消该设备<工序>本身的案例）

W 公司要对加工后的棒材表面进行研磨。研磨机要对棒材的两个面（粗的部分和细的部分）进行研磨，研磨时要进行切换，粗的部分几根集中研磨后，进行切换，再研磨细的部分。只是无法实现一个流（图 4-17，改善前）。

为了解决这个问题，对切换时间能否缩短到 0、是否还有别的研磨机可用等各种各样的改善方法进行了探讨，结果这家公

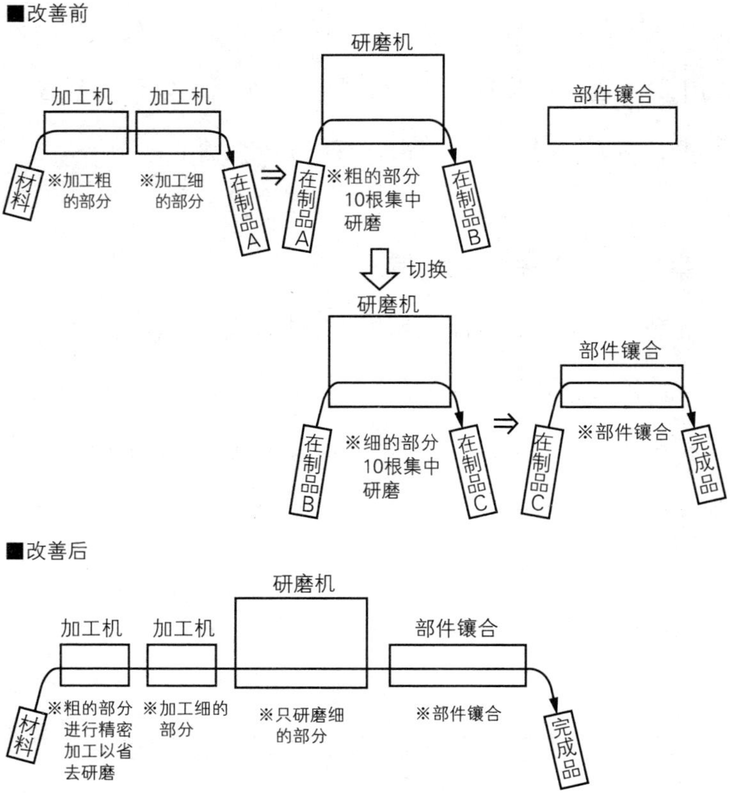

图 4-17　取消粗的部分的研磨（工序）

司采用了取消粗的部分的研磨方法。粗的部分比细的部分粗糙一些也不会有问题，前工序加工时如果能加工得漂亮一些，就不需要进行研磨了。为了在加工时不占用更多的时间就能完成这样的加工，尝试了各种各样的措施，终于实现了。其结果是，研磨工序只有一个工序，加工后进行研磨，与之后的镶合实现了一个流。

这里是重点！

在推进一个流时，如果碰到了不能实施的因素，这就是改善点。如果把这个改善了，就可以实现一个流了。

第5章

流动的前期调整

5-1 // 生产计划的种类和作用

生产计划分小日程计划、中日程计划、大日程计划等。

即使想要按第 4 章叙述的那样建立流动生产，生产负荷如果超出了生产能力，就没法按预定的计划天数完成生产，如果负荷小，就会造成人员的空闲。这时需要事先对负荷进行调整，事先做好对策，防止这类事态的发生，为此，在制订小日程计划前，要做好大日程计划、中日程计划，并进行调整，保证流动的顺畅（表 5-1）。

表 5-1　生产计划的各类和功能

	小日程计划	中日程计划	大日程计划
计划期限	1 周 ~1 个月	1~3 个月	3~6 个月
计划时间单位	小时 ~ 天	周 ~10 天	月
计划对象	每天的生产数量计划、作业计划、资材与零部件采购计划、日常保全计划等	人员变动计划、外协数量计划、长周期的资材与零部件采购计划、大规模设备维护计划等	生产设备计划、固定人员计划、委外协作商计划、周期特别长的或特定的时间才能得到的资材与零部件采购计划等
（计划的精度）	高	~	低
（准备时间）	短	~	长

所谓生产计划，就是为了保证生产中没有问题，对必要的时段进行必要的事先准备。例如，某日接到订单，次日出货没有问题的话，只需要制订这一天的计划就可以了。相反，提前对1周后的情况进行预测，如果不进行零部件采购、确定生产顺序为出货做准备（含采购、生产）的话，出货就会有问题，这时就有必要制订1周的生产计划。同样，如果有必要提前1个月做准备，就要制订1个月的生产计划。

（1）大日程计划

要制订3~6个月的出货计划，并为之做好相关准备。

计划好生产线及设备的增强与削减、固定人员（主要是正式工）的增减，及与之相关的必要的新委外加工商，特定的季节才能购买到的原材料的使用预计量等，并对其中的问题进行提炼、采取对策。

这个阶段要对中日程计划制订时无法解决的问题进行事先提炼、提出解决对策。

（2）中日程计划

要制订1~3个月的出货计划，并为之做好相关准备。

计划好变动人员（签约员工、小时工等）数的增减、委外加工商工作量的调整、采购周期长的零部件的采购等，并对其中的问题进行提炼、采取对策。

这个阶段要对小日程计划制订时无法解决的问题进行事先的提炼、提出解决对策。

(3) 小日程计划

要制订1周~1个月的出货计划，并为之做好相关准备。

计划要保证采购、生产的顺利达成，对其中的问题要进行提炼、提出解决对策。

通过这些，不能把小日程计划无法解决的问题遗留下来(破坏流动)，要根据需要，在前期（大日程计划、中日程计划）发现问题、解决问题，以保证流动的顺畅。

然而，如果所有的准备工作都很快（准备时间很短)，就没有必要过于提前制订生产计划了。这些准备工作加快了的话，还能起到减少计划制订的时间，以及制订计划时进行预测而引发的多余的提出解决对策的时间。

预测未来时，时间跨度越长，越难预测，为此进行的准备也可能是多余的，并且没有预测到的事情，实际上也可能成为必要。这是一个快速变化的时代，这类事情发生的可能性在增加。因此，重要的不是事先做准备，而是让准备的速度加快，这对推行流动化是非常重要的。

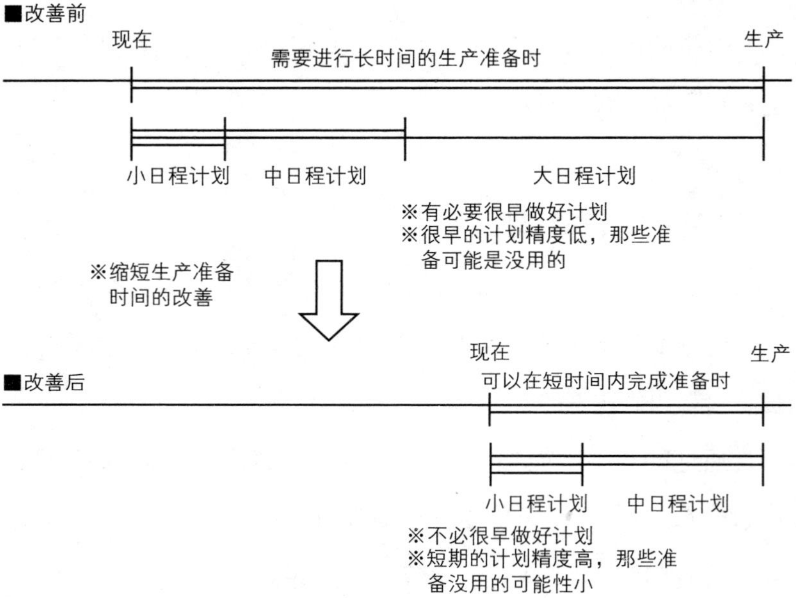

图 5-1　缩短生产准备时间，只需要按短期的计划进行生产

5-2 // 平均化计划 · 平准化计划

为了调整生产计划中的生产负荷的波动、让各工序能顺利地流动起来，可以采用采购及生产计划的平均化和平准化。当生产负荷超出生产能力时，就没有办法按照基准周期流动了，而当大幅下降时，又会造成固定人员的闲置，这些都将导致成本上升。

（1）平均化计划

这种思路是将生产负荷高的一天（或一周、一月）与生产负荷低的一天的工作量通过生产计划调整到同等水平，而制订平均化生产计划。

【示例1】

生产机械部件的E公司有零件的库存，接到订单后进行组装、出货。通常情况下，从接到订单后至出货为1周时间。订单来了之后，就制作组装指示书，上面标有品名、出货日、组装工时。现在是通过组装日管理板（插卡式）进行发布。组装时间为指示书上的出货日的前一天。在这一天进行组装后，次日就可以出货，因此，成品的停滞时间控制为 1 天。对组装日管理板上每天组装计划的组装工时要进行合计（生产负荷），并实现可视化。在组装管理板上张贴组装指示书时，对指示书上记载的组装工时要进行合计（图 5-2）。

另外，在这个工序上，组装担当者有 4 名，除了早会的时间，每人每天可用于组装的时间（生产能力）为 470 小时。1 天的合计可组装时间为：470 分×4 名=1880 分。

利用组装日管理板，在张贴组装指示书时，要对当天的组装工时合计值是否超出组装可能时间（1880 分）进行确认。如果超出，可以调整到组装日的再前面一天进行（前置生产），保持无加班发生。

另外，为了防备订单增多，除了早会，也可以将每人每天的可组装时间（生产能力）设置为 470 分+120 分=590 分，每天的可组装时间调整为 590 分×4 名=2360 分。如果每天的组装时间都超过 1880 分，可以将 2360 分作为上限来制订组装计划。这是为了避免在特定情况下发生过度加班。

如果组装时间合计再超过这个时间，就需要通过其他部门的支援来解决了。

		※提前生产									
	品名：ADD 交期：9/2 时间：250		品名：NZU 交期：9/4 时间：440				品名：*** 交期：*/* 时间：***				
	品名：NNE 交期：9/2 时间：85	品名：EKK 交期：9/4 时间：150	品名：EWU 交期：9/4 时间：240	品名：*** 交期：*/* 时间：***			品名：*** 交期：*/* 时间：***				
	品名：NPD 交期：9/2 时间：150	品名：ASA 交期：9/3 时间：240	品名：ACM 交期：9/4 时间：300	品名：*** 交期：*/* 时间：***	品名：*** 交期：*/* 时间：***	品名：*** 交期：*/* 时间：***	品名：*** 交期：*/* 时间：***				
	品名：EED 交期：9/2 时间：380	品名：NAA 交期：9/3 时间：400	品名：NWK 交期：9/4 时间：440	品名：*** 交期：*/* 时间：***	品名：*** 交期：*/* 时间：***	品名：*** 交期：*/* 时间：***	品名：*** 交期：*/* 时间：***	品名：*** 交期：*/* 时间：***			
	品名：ADE 交期：9/2 时间：220	品名：NKL 交期：9/3 时间：220	品名：NWK 交期：9/4 时间：440	品名：*** 交期：*/* 时间：***	品名：*** 交期：*/* 时间：***	品名：*** 交期：*/* 时间：***	品名：*** 交期：*/* 时间：***	品名：*** 交期：*/* 时间：***	品名：*** 交期：*/* 时间：***		品名：*** 交期：*/* 时间：***
调整前负荷合计	1085	860	2010	1450	1240	1230	1770	640	330	0	210
调整负荷		150	－150								
调整后负荷合计	1085	1010	1860								
日期	1	2	3	4	5	6	7	8	9	10	11

图 5-2　利用组装日管理板使组装负荷平均化

【示例2】

制作生产装置的D公司在接到订单后进行设计、零部件采购、生产，最后出货。从接单到出货大概需要2个月时间。加工部门使用很多加工中心时间，这个工序如果延迟的话，整个交期就会延迟。这是台非常繁忙的设备。

这家公司曾经以周为单位来进行这台设备的负荷管理。以1周为单位，制订2个月的计划，记录了每周加工什么零件、每项加工需要花费多少时间等必要内容（表5-2）。

由于组装需要1周的时间，因此，这个工序就再提前1周进行加工。在出货日确定的情况下，计划时需要安排这项加工提前2周进行。这项加工需要花费的工时是在设计阶段计算好的。然后再将其填入计划表中。

在使用该设备时，对该设备的稼动比例进行测算，测算的结果是82%。按每周计算，可加工时间为：24小时×82%×7天=137.76小时（8266分钟）。另外，还要设定后续订单所需要的时间（追加预测时间），这些相加后评估负荷。

设计结束时，将这台设备的加工时间记入计划表，掌握该周的加工合计工时。这样就可以确认是否超出可利用时间，始终关注是否有不合理的计划。

表5-2　加工计划表

※ 始终保证4周内的负荷已经得到调整

※ 现在　　　　　　　　　　　　　　　　　　　　　　　　（单位：分）

			9月					10月			
			第1周	第2周	第3周	第4周	第5周	第1周	第2周	第3周	第4周
调整前负荷			7150	8150	6995	7750	6375	5995	7490	7490	0
追加预测时间			0	400	800	1200	1600	1800	2000	2200	2400
调整负荷（公司内）			545	–545		–1245					
调整负荷（委外）						1245					
调整后负荷			7659	8005	7795	7705	7975	7795	9490	4550	2400
差异时间			571	261	471	561	291	471	–1224	3716	5866
订单号	出货月	出货周									
112	9	3	2340								
113	9	3	2340								
114	9	3	435								
115	9	3	1120								
116	9	3	835								
117	9	4		2460							
118	9	4		330							
119	9	4	←	545							
120	9	4		1665							
121	9	4		3150							
122	9	5			3995						
123	9	5			1045						
124	9	5			1995						
125	10	1				3175					
126	10	1				1245					
127	10	1				2975					
128	10	1				355					
129	10	2					5135				
130	10	2					1240				
131	10	3						2225			
132	10	3						3770			
133	10	4							3990		
134	10	4							860		
135	10	4							2640		
136	11	1								2350	

超出时，就将加工时间向前调整1周。当然，所需材料的交期也要同时进行调整。如果前一周的计划中，可加工时间也很紧张，就要考虑委外加工了。

这样的决定，如果是在临近加工时，就会来不及。特别是在委外加工时，从下单到交付为止需要花费相当长的时间。因此，作为中日程计划，虽然是以周为单位的粗略计划，也要进行预判，及早应对。

另外，这个计划表所管理的加工部件，在计划加工周的上上周的周五，要将其转移到加工日管理板上。作为小日程计划，要细化到日、小时。

(2) 平准化计划

平均化计划是指为了让流动顺畅，对超出生产能力，或生产能力不足的生产负荷进行事先调整的计划。只是，即使对某工序进行平均化，向该工序供给零部件的前工序也不一定能够同时实现平均化。产品种类不同，使用零部件也不同，零部件不同，加工时间长的、不花费时间的都有。同一零部件，有的产品要使用多个，有的产品一个都不用。也就是说，根据计划中的产品种类，前工序的生产负荷会有很大的变化。前工序有这样的问题存在，就无法顺畅地流动了。

这样的话，仅将后工序的生产负荷平均化是不够的，需要将各产品按一定程度的循环来制订计划。这样的话，前工序就可以实现平均化了。这样的计划就叫平准化计划。

【示例3】

N公司的组装工序计划上，第1天做的是使用30个零部件的A产品8台，第2天做的是使用40个零部件的B产品4台。由于产品A每台需要1小时，产品B每台需要2小时，第1天的组装负荷是8小时，第2天也是8小时，这里的负荷是平均化的。但是，加工零部件的前工序（组装日的前1天加工），必须在组装A产品的前一天加工30个×8台=240个，在组装B产品的前一天加工40个×4台=160台。即，组装工序是实现了平均化，但前工序的负荷波动没有进行改善（表5-3①）。

如果按组装工序第1天生产A产品4台、B产品2台，第2天也是A产品4台、B产品2台，这样的计划就是按品种进行循环了。这样一来，无论哪一天，前面的加工工序的工作量都是一样的（30个×4台+40个×2台），前工序负荷也就实现了平均化（表5-3②）。

表 5-3　平均化计划与平准化计划

①平均化计划（小时）

产品名	组装时间/台	第1天		第2天	
		台数	组装时间	台数	组装时间
产品A	1	8	8		
产品B	1			4	8
合计			8		8

※组装实现了平均化

⇩

（分）

产品名称	使用部件数/台	加工时间/台	第1天			第2天		
			后工序的组装	部件总数	加工时间	后工序的组装	部件总数	加工时间
用于产品A的零件Z	30	3	8	240	720			
用于产品B的零件Z	30	3				4	160	480
					720			480

※加工时间是波动的

②平准化计划（小时）

产品名	组装时间/台	第1天		第2天	
		台数	组装时间	台数	组装时间
产品A	1	4	4	2	4
产品B	2	2	4	4	4
合计			8		8

※将组装进行平准化

⇩

（分）

产品名称	使用部件数/台	加工时间/台	第1天			第2天		
			后工序的组装	部件总数	加工时间	后工序的组装	部件总数	加工时间
用于产品A的零件Z	30	3	4	120	360	4	120	360
用于产品B的零件Z	40	3	2	80	240	2	80	240
					600			600

※加工时间也平均化了

【示例4】

F公司有零部件的库存，订单来了后，将零部件进行喷涂、组装后，出货。订单来了的第3天必须出货。组装计划是以2小时为单位制订的，喷涂是在之前的4~6小时进行的（因为需要2个小时的干燥时间，无法在临近组装时再喷涂）。不管哪个产品，喷涂时间基本一样。然而，根据产品不同，有的需要喷涂，有的不需要。组装的计划如果是连续做不用喷涂的产品，那么，喷涂将出现等待的情况，如果连续做需要喷涂的产品，那么，喷涂将来不及（图5-3改善前）。

在迄今为止只在对组装负荷进行平均化的组装时间管理板（以2小时为单位）上，将有喷涂和无喷涂区分开。计划担当者在制订组装计划时，不再将其分类集中组装。这样一来，喷涂工序的负荷就平均化了，喷涂—组装的流动就稳定了（图5-3改善后）。

■改善前

※组装是平均化了，但喷涂的数量有多有少

		喷涂计划
当天	8:00~10:00	●●●●
	10:00~12:00	●●●●●● ※生产能力不足
	13:00~15:00	●●●●●● ※生产能力不足
	15:00~17:00	 ※发生等待
次日	8:00~10:00	 ※发生等待
	10:00~12:00	●●●●
	13:00~15:00	次日早上做计划
	15:00~17:00	次日早上做计划

⇦

		组装计划
当天	8:00~10:00	●●●●●●
	10:00~12:00	●●●●●●
	13:00~15:00	●●●●○○
	15:00~17:00	●●●●●●
次日	8:00~10:00	●●●●●●
	10:00~12:00	○○○○○○
	13:00~15:00	○○○○○○
	15:00~17:00	●●●●○○

■

		喷涂计划
当天	8:00~10:00	●●●●
	10:00~12:00	●●●●
	13:00~15:00	●●●●
	15:00~17:00	●●●●
次日	8:00~10:00	●●●●
	10:00~12:00	●●●●
	13:00~15:00	次日早上做计划
	15:00~17:00	次日早上做计划

⇦

		组装计划
当天	8:00~10:00	●●●●○○
	10:00~12:00	●●●●○○
	13:00~15:00	●●●●○○
	15:00~17:00	●●●●○○
次日	8:00~10:00	●●●●○○
	10:00~12:00	●●●●○○
	13:00~15:00	●●●●○○
	15:00~17:00	●●●●○○

图 5-3　平准化后，前工序的负荷也平均化了（喷涂—组装）

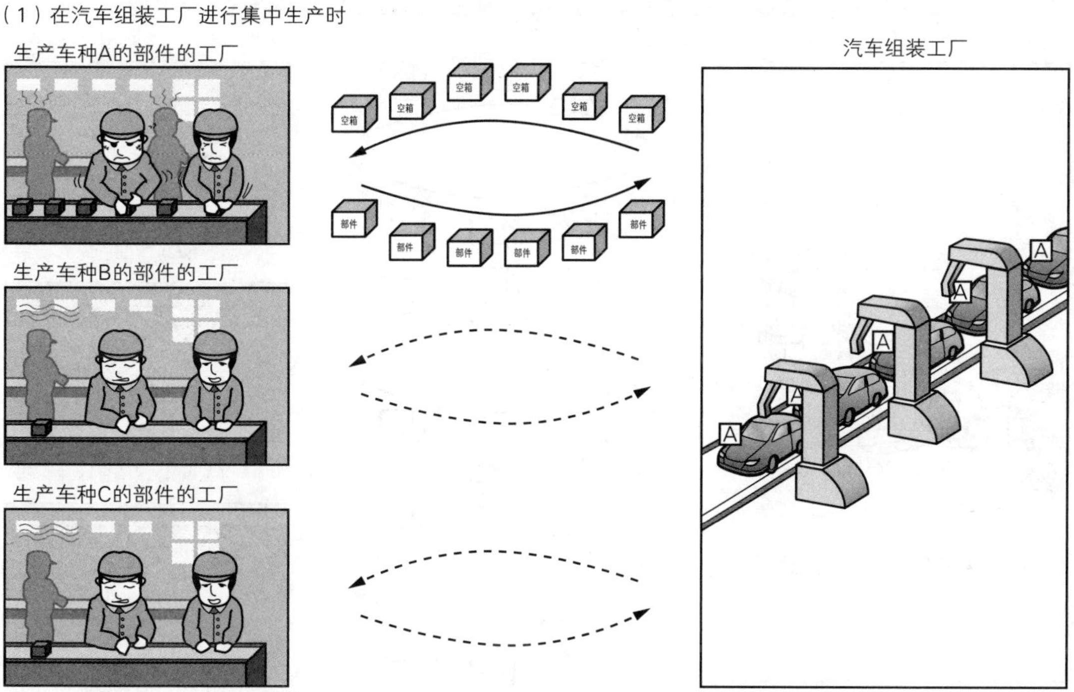

图 5-4　平准化后，前工序的负荷也平均化了（部件公司—完成品组装公司）（1）

（2）在汽车组装工厂进行平准化生产时

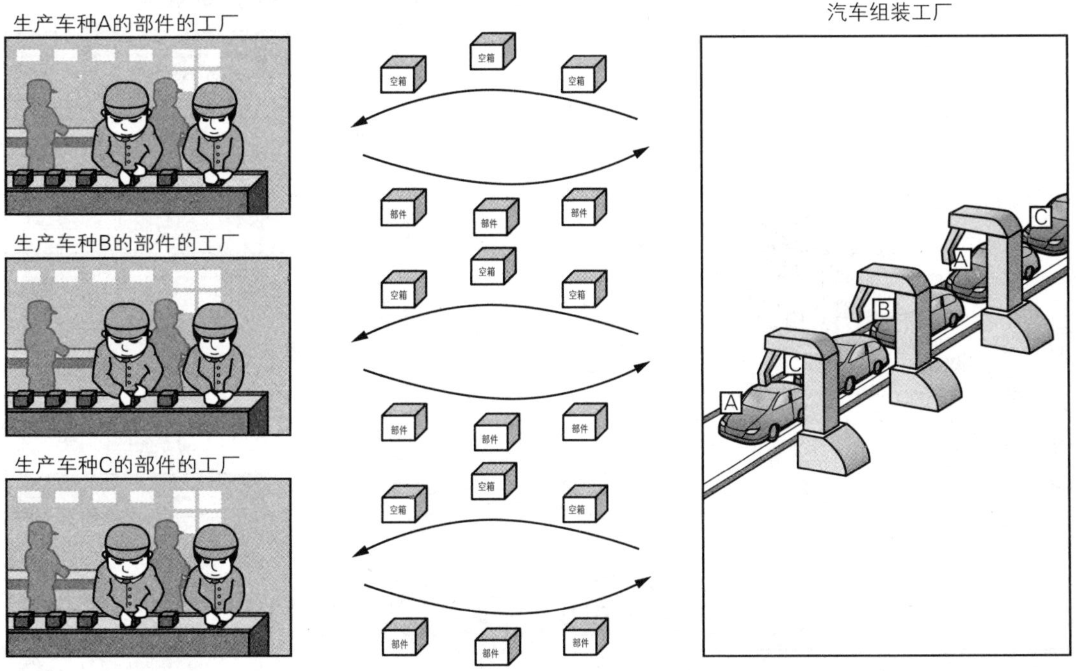

图 5-4　平准化后，前工序的负荷也平均化了（部件公司— 完成品组装公司）（2）

平准化计划就是像这样，并不只是1个工序的生产负荷时间平均化的计划，而是按品种有重复循环性的计划。这样的计划是以前工序负荷平均化为目的的计划。

在看板方式运用得成熟的汽车公司，不仅是通过看板向前工序、委外加工商及供应商进行指示，公司内最终的组装工序也是实行平准化计划的。除了考虑前工序、委外加工商及供应商的波动控制，也是因为要满足短交期的交付要求（图5-4）。

(3) 即使不实施平均化，平准化也能提升应对变化能力的流动化

不过，平均化计划也好，平准化计划也好，都是通过减少出货量的变动来进行生产的，是一种在出货日明确的基础上，将生产日向前调整的计划方式。调整部分体现在完成品库存的增量上。换而言之，就是认同少量完成品库存基础上的生产计划方式。

不做完成品库存，以建立应对出货量变动的流动体制为目标，这就是变量应对生产（下一章将对此进行说明）。

第6章

利用变量应对生产方式维持流动

想要根据变动的订单数量来进行生产，如果订单多，生产能力就不足；如果订单少，就会有人员空余。多的时候和少的时候可以相互调整，通过平均化、平准化来解决这样的问题。其结果是产生了成品的库存（平均化、平准化生产，图6-1）。

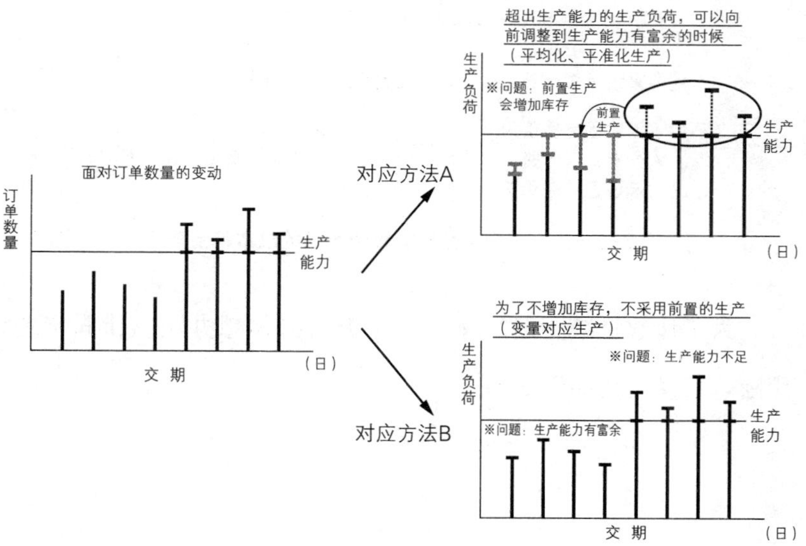

图6-1 平均化、平准化生产与变量应对生产

生产能力不足的部分，可以通过加班或委外加工进行一定程度的应对。不过，订单量少的时候，被称作固定费用的固定人员成本、全部的设备成本是不会变动的，同样，固定费用因为数量少了，每一个的成本上升了（图6-2）。

对于变动费为100日元、固定费为10000日元的产品

变动费：与生产量成比例的费用（材料费等）

固定费：与生产量无关，始终存在的费用

（设备费、人员费、劳务费等）

①生产量为100个时，每个的费用

（100日元×100个+10000日元）÷100个=200日元

②生产量为50个时，每个的费用

（100日元×50个+10000日元）÷50个=300日元

※生产能力富余（生产量减少）时，固定费用成为问题

※工厂中主要的固定费用为

①人员费、劳务费

②生产设备的购买费

⇒ 变量对应生产

就是将这些费用转化为变动费用

图 6-2　生产能力富余时，每个产品的成本就上升了

为了让数量减少时成本也不上升，必须想办法，让固定费用随着数量的变动而变动。

6-1 // 人力成本的变动化

人力成本的变动化不单指利用临时工、小时工，根据工作量来进行人数的调整。即使利用临时工、小时工，在签约后，也不能在出现工作量增减时，强制要求在规定时间前下班。

这里所述的人的费用变动化是将等待时间与加班时间相抵，即灵活使用富余人员，不发生别的费用的方法（图 6-3）。

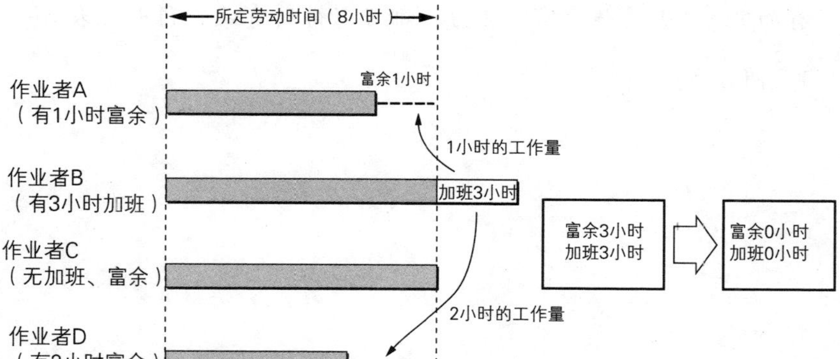

图 6-3　利用富余与加班相抵，来应对各生产线的变量

在很多公司里，所有问题、所有人员的加班时间，每天都为0的公司一定很少（工作量很少的时候就另当别论了）。即使这样，工序上的工作量少的时候，由发生等待的担当者来支援需要加班的岗位，不但可以减少加班的时间，也可以让工作量少而空闲的问题得到解决。

【示例1】

M公司的工厂中各岗位，在15点前制订第二天的作业计划，掌握第二天的富余、加班时间。并将其报告给工厂长，工厂长在16点前对富余、加班进行调整。16点时，集合各岗位的管理者，对第二天的人员配置做安排。通过这样的安排，只要有加班，工厂全体的富余能力就都可以得到有效的利用（表6-1、图6-5）。

表 6–1 人员配置的步骤

交期	担当	管理内容
15：00前	各生产线 管理者	将次日各生产线负荷（作业时间）记入管理板 *记录事项： ·作业者姓名、人数 ·作业时间 ·富余时间、加班时间
16：00前	工厂长	次日各生产线负荷（作业时间）调整，在管理板上记录修正的计划 *记录事项： 富余能力的活用方法 加班削减的方法
16：00	工厂长 各生产线管理者	次日作业计划的确认

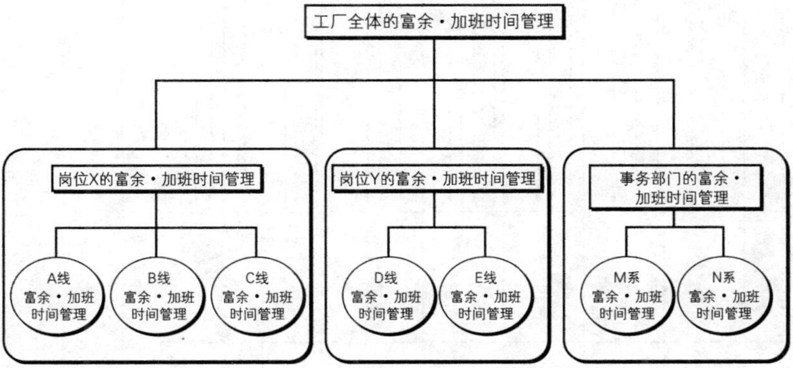

图 6–4 跨部门进行富余、加班时间相冲抵

生产线	作业者（人数）	作业时间	富余时间	富余时间活用	加班时间	加班削减方法
A	佐藤（1）	8:00 17:00 21:00 20:00			17:00~20:00 3 h×1人=3 h	C线加班 15:00~17:00 2 h×1人=2 h
B	田中 前田（2）	19:00			17:00~19:00 2 h×2人=4 h	D线加班 16:00~17:00 1 h×2人=2 h
C	吉川（1）	15:00	15:00~17:00 2 h×1人=2 h	配合A线 15:00~17:00 2 h×1人=2 h		
D	砂田 山田（2）	16:00	16:00~17:00 1 h×2人=2 h	配合B线 16:00~17:00 1 h×2人=2 h		
E	高桥（1）	11:00 13:00 16:00	11:00~12:00 16:00~17:00 2 h×1人=2 h	配合G线 11:00~12:00 16:00~17:00 2 h×1人=2 h		
F	西川（1）	18:00			17:00~18:00 1 h×1人=1 h	
G	松山 关口（2）	18:00			17:00~18:00 1 h×2人=2 h	E线加班 11:00~12:00 16:00~17:00 2 h×1人=2 h
合计			6 h	6 h	10 h	6 h
			修正后富余时间		修正后加班时间	

图 6-5

然而，有几个问题必须解决，否则这个方法无法实现。

①能力不足时，无法支援

想要去支援的人，如果这项工作不能做，就没法支援了。因此，平时必须进行多能工的教育、训练。

为了在工作量波动时，可以进行支援，也不需要全员掌握所有的工序。首先进行本部门内的多能工培养，然后再培养几个可以担当其他部门几个岗位的熟练工，这样基本就可以应对了。

就是说，从空闲的部门调熟练工去支援别的部门，原来的部门中，熟练工担当的工作交给部门内其他熟练工即可。被支援的部门，原来熟练工担当的工作，如果前来支援的人员不会做，可以把需要加班的工作交给部门内其他熟练工做，前来支援的作业员只做自己会做的工作就可以了（图6–6）。

②即使加入支援者，也不能改变生产时间，不能削减加班

比如利用设备进行加工时，设备的生产时间需要10个小时。这台设备，即使投入多名员工，也不能缩短时间。即使支援，也不能减少加班时间（图6–7对策前）。这种情况下，可能在休息、午餐时间内由支援者来帮忙开动设备［(图6–7支援方法（例1）］，或者支援者通过错开出勤时间等方式开动设备，以减少该岗位作业员的加班时间［图6–7支援方法（例2）］。

公司如果不想通过库存来应对订单的变动，就需要克服这些问题，每天计划好人员配置、支援方法，通过富余时间与加班时间的对冲，尽可能不让成本上升，推进相关的改善。

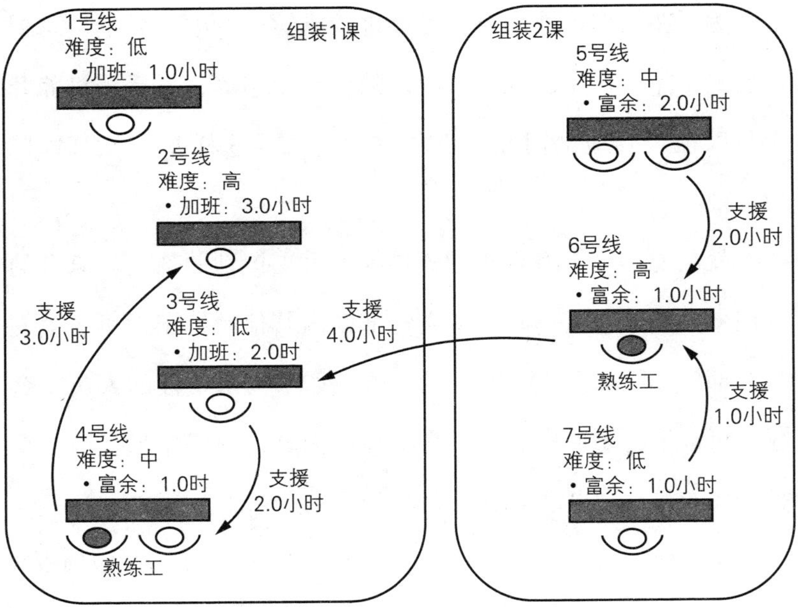

图 6-6　部门间的支援体制

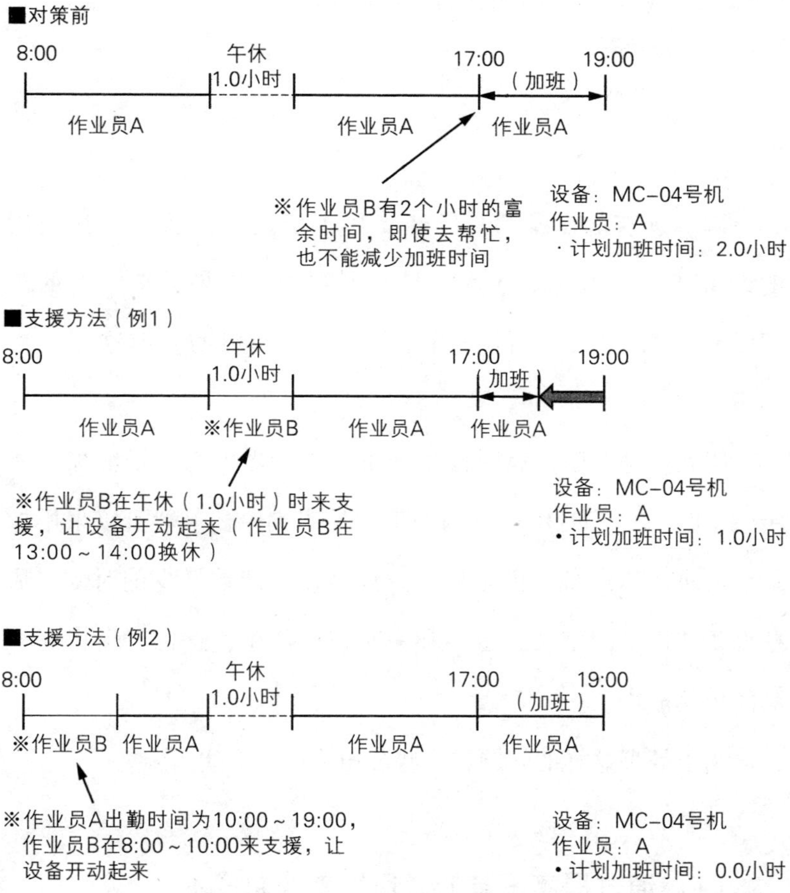

图6-7　机械时间决定加班时间的情况下的支援方法

6-2 // 生产设备费用的变动化

因为现有的设备都是已经支付了费用的，所以仅让使用的设备产生费用（变动费）是做不到的。如果只按设备的使用时间、加工数量支付费用，当然是最理想的，但这是无法实现的。

问题关键在于，有时候生产量很少。当生产数量增加到一定数量时，24 小时生产体制的工厂另当别论，一般可以采用加班、夜班及休息日出勤来应对。只是在生产数量少的时候，那些设备费用是固定费，也要和平时一样产生，这样就会提高产品的单位成本。

为了处理这样的问题，有些公司采用了下述措施。

(1) 通过提高设备的通用性来控制成本

【示例 2】

I 公司将销售量少的产品生产线的设备转用到销售量多的产品生产线，通过提高设备通用性的方法，尽量不增加设备数量。

统一设备规格，只需更换治具就可以通用，对使用机器人的部件放置装置、组装装置、搬运装置等进行规格统一化（单元化），不同的装置（单元）通过重组、合并可以组成生产线（图 6-8）。这种方法可以根据当天、当周的生产负荷来进行设备的重组。通过改善，确认每月的生产负荷，将过剩的设备移动到其他生产线上，尽量不投入新的设备（图 6-9）。

设备的配置不是按照最大时的数量进行，而是按照平均数量进行计算，根据量的增减实施相互借用。要在设备总费用不增加、没有闲置设备上下功夫。

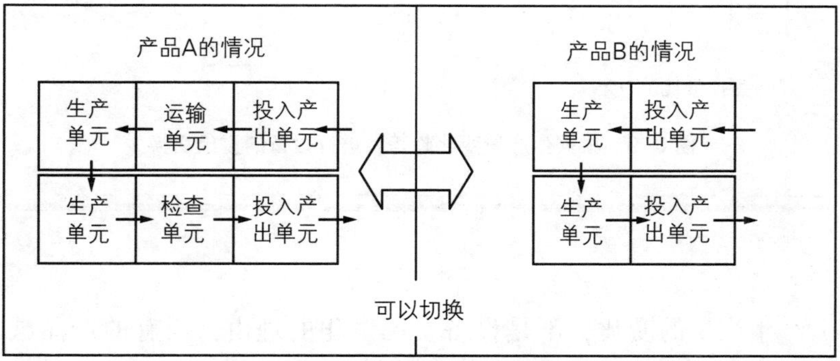

图 6-8　生产设备的标准化（单元化）

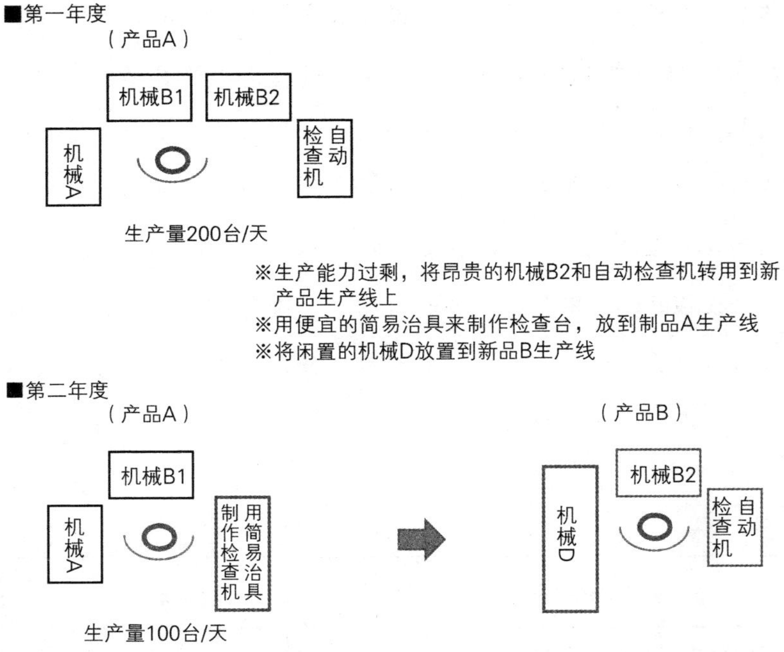

图 6-9 根据生产量变化趋势，进行设备的重组切换

生产量的变化，不是设备费用变化的理由，当有的产品减少，有的产品增加时，这是有效的应对手段。

（2）采用小型化、廉价的设备，控制成本上升

【示例3】

G 公司将原来的采用大型、昂贵设备的一条生产线转换为

数条采用小型、廉价设备的生产线，作为数量下降时的对策（图6-10）。

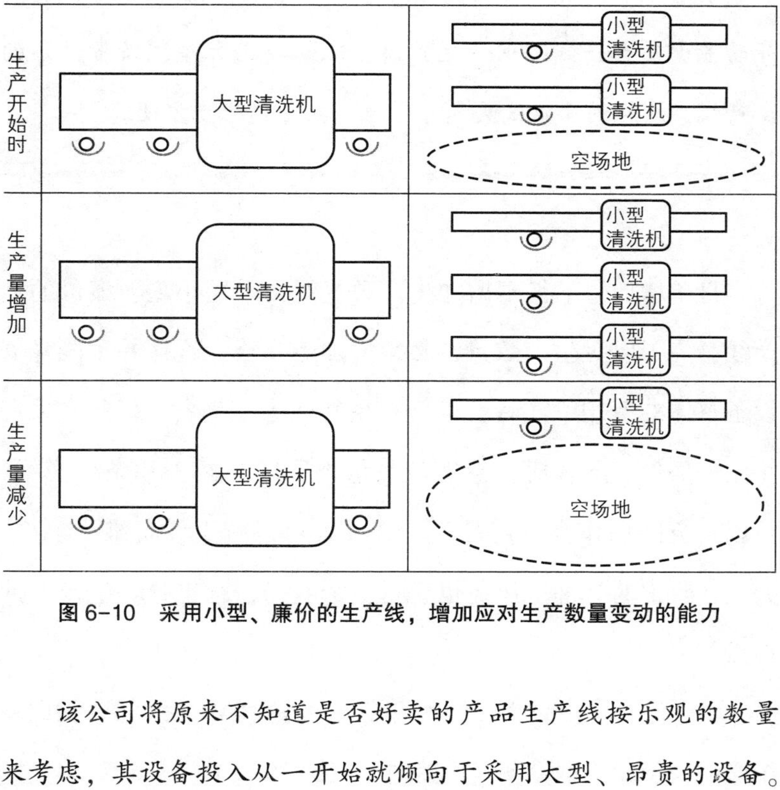

图6-10　采用小型、廉价的生产线，增加应对生产数量变动的能力

该公司将原来不知道是否好卖的产品生产线按乐观的数量来考虑，其设备投入从一开始就倾向于采用大型、昂贵的设备。销量大的时候，利润是很明显的，而在销售情况不好的时候，亏损也是很明显的。

因此，尽量按实际情况评估销量，采用小型、廉价的设备组成生产线。如果实际销量超出预计，可以增加这样的生产线。如果销量减少，可以撤去一些生产线，减少生产线的数量。原来的大型生产线上，即使销量下降，也没有办法减少空间的占有，而且保全等成本也不会降低。

小型、廉价的多条生产线可以根据当天的生产数量，决定开动多少条生产线。少量生产时，比起使用大型、昂贵设备的生产线，这样的生产线更容易管理，换型作业更方便。

订单增加，不得不增加生产数量时，采用小型、廉价的生产线，为了应对生产数量，必须增加生产线。这样并不能降低设备整体的费用，或者将设备费用转化为变动费。但是，采用小型、廉价生产线时，当生产数量下降时，撤去几条生产线，可以将空间用作别的产品生产，或者可以减少设备维护费用。并且，日常的管理、作业也变得更加容易，这也是该生产线的优点。

关于小型、廉价生产线的开发，请参考第 4 章 4-5“面向一个流的廉价、小型设备制作案例”（第 119 页）。

【示例 4】

R 公司生产将黍、稗、稷等五种杂壳混合的产品，按每袋 100 克装入小袋中。原来的做法是：在投料口投入 30kg 原料，通过输送带送到 2 楼进行搅拌，再回到 1 楼进行称量、装袋。

所需的功能有：搅拌、称量、装袋等3个部分。这家公司现在将其改变为：将装有5种原料的球形容器排列起来，用量杯按1袋的量分别取用各种原料，装袋。在封口后用震动法进行混合的生产方式（图6-11）。

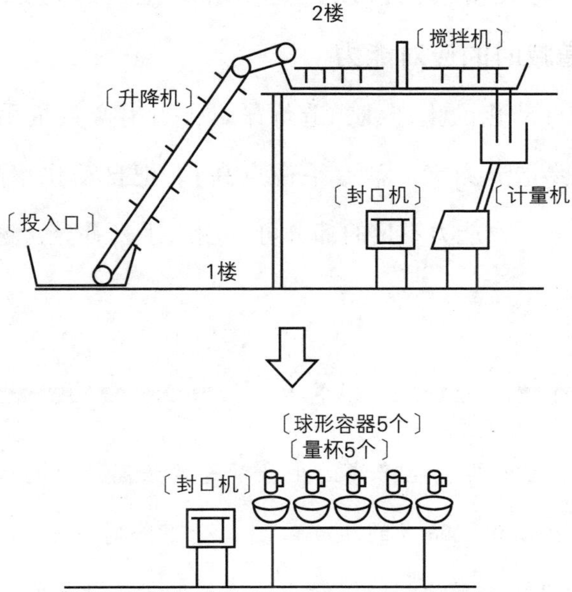

图6-11　用简易设备进行生产，增强生产数量变动的应对能力

这样，如果业务量增加，只要有球形容器、量杯及封口机（这种机器有多台闲置）就可以增加生产线了。生产量减少时，也就是这些工具被闲置而已。因为不是昂贵的设备，即使不用，也不会产生多少损失。

以前的生产线上有输送带、搅拌机、称量机等，即使清扫也需要几个小时，现在只需要清洗球形容器、量杯等，换型时间、清扫时间大幅削减了。

(3) 与设备相比，以人为中心的生产线可以增强订单数量增减时的应对能力

完全自动化的生产线，造价昂贵，当生产数量稍微下降时，就容易造成赤字（盈亏平衡点高）。把自动化率降低些，降低费用，生产能力不足的部分可以用人手来补充，这也是一种方法。

【示例5】

例如，自动焊接生产线的生产量是按照高峰时的生产量制作的完全自动化、昂贵的生产线，销量下降时就会形成赤字。离现在20年以前的泡沫经济时代，这样的设备比较合适并非常流行。随着泡沫的破灭，销售量开始下降，这样的设备就成为工厂的巨大包袱，影响了工厂的效益。

C公司在反省后，不再采用那样的完全自动化，而是按照实际的销售量制作自动生产线。在生产量增加，必须提高生产线速度的时候，就增派人手支援焊接，或者安排人员在别的生产线上补足生产台数。当生产量减少时，人员从该生产线上调

离，在比之前更便宜的自动生产线上进行生产（不容易形成赤字）(图 6-12)。

人员虽然是固定费用，但比设备更容易实行费用变动化的管理，这样的方法是可行的。设备不可以立即转作它用，但人员只要派到别的生产线，立即可以开始新的工作。与设备相比，人更容易适应各种不同的工作。因此，基本的思路是：用设备来应对确定的数量，其他的数量用人员来应对。

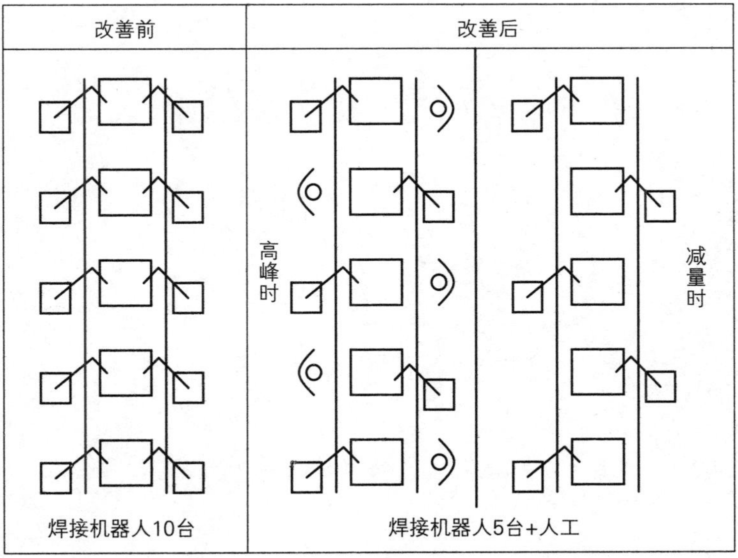

图 6-12　生产量的增减靠人工来应对

这里是重点！

当订单数量增减时，不是将其平均化、平准化，根据增减量有相应的制造方法。这时要解决人员、设备等固定费用的问题，要建立机制，即使量减少了，也不会增加成本。

第7章

制造部门与销售部门协作改善流动性

7-1 // 为不发生库存，与销售协作、构建信息流——应对变更

不管如何推进流动化，减少库存，也不能立即减少已经发生的死库存（卖不出去的库存）。库存中与正在生产的物料相比，死库存占比高的情况也不少（图 7-1）。

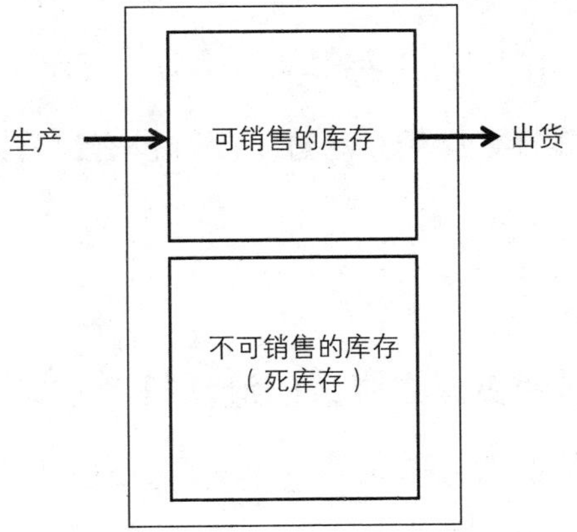

不可销售的库存（死库存）不采取措施是不会减少的
①设法在前期进行处理
②让这样的库存不发生

图 7-1 库存中多数是死库存？

死库存发生后，只有马上进行废弃、转用作其他产品的部件、降价出售，更重要的是今后怎样才能不生产那些死库存。为此，不仅是制造部门，还要和销售部门联合，阻止有可能发

生（生产）死库存的因素，并作为课题来对待（图 7-2）。

滞销库存（死库存）容易发生是因为：
①定制品的规格变更、交期延后、取消等情况发生
②新产品刚投产时，按预测生产，但没有预测的那么畅销
③老产品退出（销售终止）的情况

图 7-2　死库存的发生原因

（1）因变更、订单取消而造成的死库存

接单生产后，因变更、订单取消等造成库存无法卖出，或者订单几经延期，超过 1 年都无法出货。订单被取消的产品，以某种缘由反复推迟交期、超过 1 年都没有出货而睡在仓库的产品也不少。

（2）针对变更建立强大的流动机制

规避这类情况的方法是缩短周期，不临近出货不着手生产（图 7-3）。临近出货时，客户也一定已经确定了正式的规格、真正的交期了。如果着手生产的时间太早，因为客户方面还不明确，之后发生变更的可能性会很高。变更不仅会造成死库存，因为变更还会增加各种各样的管理、作业浪费。

向客户索取确定的信息时，客户方面也有不能确定的情况。如果客户是成品制造，我们是提供部件的话，作为成品制造的客户还要由他们的客户来决定产品规格，成品制造商也不能决定。

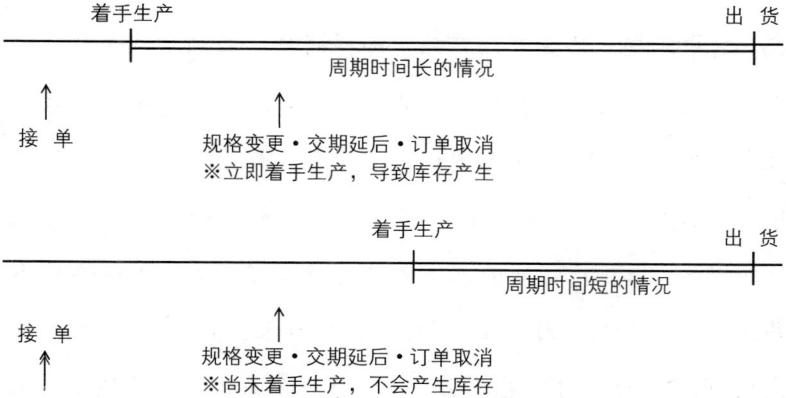

图 7-3　不到临近出货不生产，防止因变更而发生库存

在这种情况下，我们首先要做的是尽量等情况确定后再着手生产。这不仅要求收集客户的确切情报，还要建立体制，不临近出货日不着手生产，也即要缩短生产周期。

【示例 1】

K 公司从着手生产到完成的周期原来为 10 天。接到订单后尽早着手生产。例如，即使在出货日的 20 天前接到订单，也立即开始生产，从出货日前 10 天到出货日这段时间内作为成品库存在仓库里进行保管（图 7-4①）。

但是，同样系列的产品有各种各样的规格，那些规格不到出货前夕无法确定。从客户处接到的订单最初是预测的，具体规格是之后确定的。规格变更时，产品的一部分需要替换。先对产品进行分解，再更换部件、重新组装。成本将超出正常情况。其中还有无法分解的产品，那样的产品必须重新制作，变更前做的产品就成为长期呆滞品，预计无法销售的死库存只有睡在仓库里了。另外还有不少交期延后、长期躺在库存里的滞留品。调查发现，成品库存中有半数是这样的库存。

因此，对生产计划的立案方法进行修订，变成了接单后不马上生产的方式。因为生产的周期为 10 天，就在离出货日 10 天+2 天=12 天的时候着手生产。这样一来，只要产品规格、交期在出货日前 13 天确定，按照确定的规格及交期生产即可。由此，因规格变更而导致的修改、因交期延后而产生的产品库存

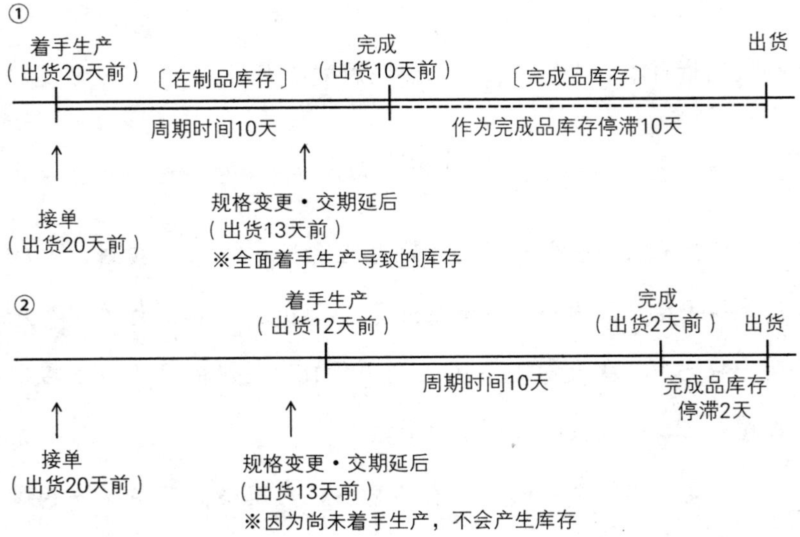

图 7-4　着手生产的时机

得到了削减（图 7-4②）。

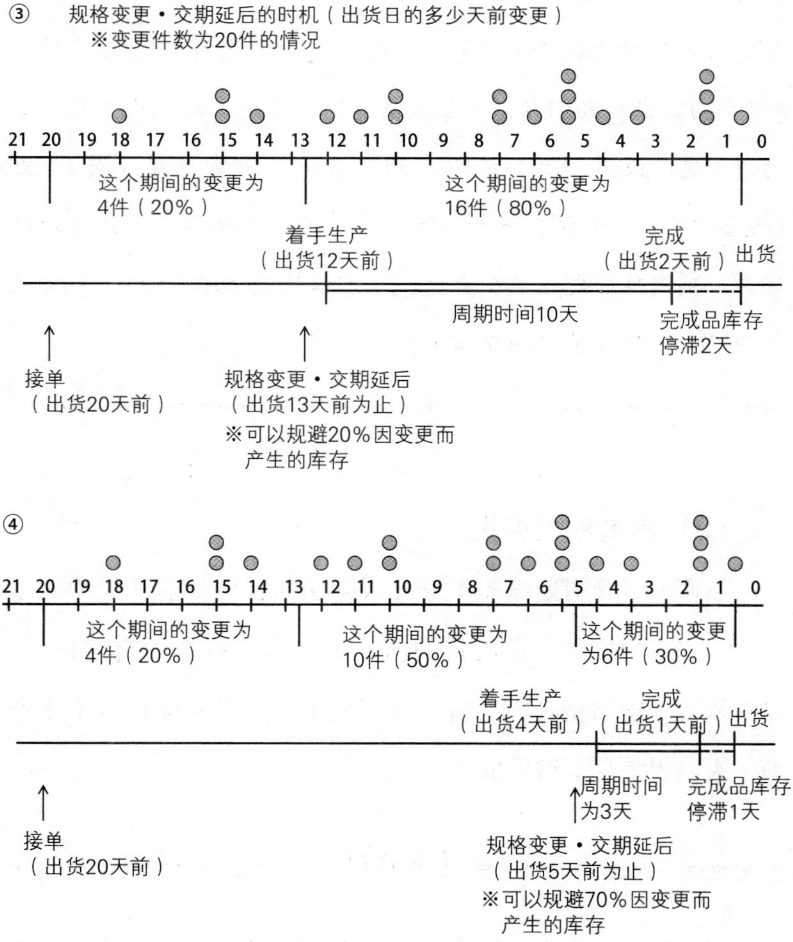

图 7-4　着手生产的时机（续）

但是，也不会完全规避重新制作、交期延迟的情况。调查发现，规格变更、交期延后的委托件数在 13 天前的占整体的

20%，在5~12天的占整体的50%。也就是说，在交期的12天前着手生产的话，只能规避20%的规格变更、交期延后（图7-4③）。即使请求客户在13天前确定，由于没有获得最终用户（客户的客户）的回复，也就没法确定。于是，对从生产至完成的周期进行改善，并将其缩短到了3天。出货时间3天+1天（预备日）=4天前着手生产就来得及了。这样的话，只要规格变更、交期延后发生在5天前，就可以规避20%+50%=70%的工作浪费、库存了（图7-4④）。

（3）提前察觉变更

然而，尽管周期缩短了好几天，建立在出货前几天才着手生产、完成的机制，在出货的前一天、当天被告知交期延后、订单取消、规格变更时，就没法规避了。如果不能在着手生产前一天获得消息，结果也是一样的。

【示例2】

还是这家K公司，经过确认，30%的规格变更、交期延后是在出货前一天、当天才知道的。在产品的特性方面，客户在出货当天为止还没有确定规格或交期的情况是很少见的。然而，虽然已经确定了规格和交期，但有时可能未把信息及时告知工厂。

这个时候就要和销售协调，在出货前5天时和客户进行联系，进行规格的确认。这样的话，规格和交期没法确认的就只剩5%了，25%是可以在这里确认的。

结果是，当初发生的规格变更导致需要替换部件、重做或者交期延后而发生库存的情况，有95%可以规避了。部件替换、重新生产所耗费的时间可以大幅削减，同时，长期滞留的成品库存也基本不会发生（图7-5）。

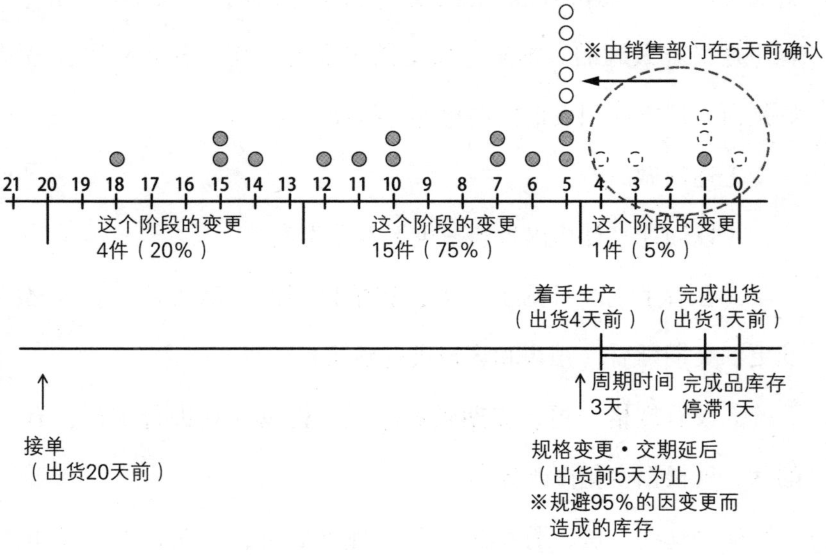

图7-5 订单信息的获取方法

通常情况下，出货的前一天或当天为止，客户还没有决定规格和使用时间是很少出现的。尽管客户早已确定了规格和使用时间，问题却出在了销售部门没有把信息告知工厂上面。

不少的情况是客户已经确定了规格和使用时间，却不知道该在什么时候传达，或者销售没有去问。客户或销售部门的理由是：如果有变更的话，还重新通知，很麻烦；几次三番地拜托制造部门变更，也不太好意思。

将着手生产的时间告知销售部门，如果有变更或交期延后就及时联络，这样的做法是比较理想的。然而，事实上销售部、客户是很难做到的。本来，那是销售部的工作，开始阶段，最好是由工厂方面积极地向销售部进行确认。

上述的做法是：

①以周期来计算出货前多少天着手生产

②在着手生产日的前一天，和销售部进行确认是否有规格变更、交期延后（销售和客户进行确认）

③没有规格变更、交期延后的话，就按计划进行生产；有的话，就根据变化修改计划。

通过这些方法，着手生产后的规格变更、交期延后以及由此引起的库存就不容易发生了。

这以后虽然也会出现规格变更、交期延后的情况，但因为周期缩短了，其可能性将大幅下降。

这项改善的成果，不单依靠在着手生产阶段进行有无变更的确认，而且是缩短周期及稳定化的结果。

周期如果是一个月，当确认有无规格变更、交期延后的时候，客户往往会回复："这么长时间哪知道会不会有变更呢?"但如果周期缩短到3天，加上1天的预备时间，实际上时间为4天，在这之前1天，即出货前5天的话，客户能准确回复的可能性就大了。

缩短周期，可以使生产根据准备的信息进行，是规避变更风险的手段。因此，明确在什么时间获得客户的信息，与销售部门联动，熟练地进行确认是非常重要的（图7-6)。

工厂：缩短着手生产至出货的周期时间，到临近出货再生产，也能保证完成并交付
销售：了解着手生产时间，在这前一天和客户确认有无变更、交期延后、订单取消

图7-6 即使有变更也不会发生死库存的要点

(4) 了解客户的动向，减少变更的风险

生产周期，例如需要3天完成，有时候要在出货前4天、5天着手生产，而不是3天前。这是因为那天的出货量太多，生产负荷超出生产能力，因此在负荷小的前一天、前两天进行前置生产，或者为了减少换型次数集中生产。

这种情况的前置生产应优先用于变更少的产品。变更多的产品、使用客供材料的应尽量避免前置生产，多等待一天直到

临近出货再进行确认、生产，规避变更风险的可能性就大一些。

不同的客户，在什么时候确定规格及交期，即客户方面确定计划时间的规律，要大致掌握。有些公司就能掌握客户方面的类似规律、动向，并在那个阶段进行确认，尽量早获取信息，积极开展与销售部门的互动。

【示例3】

还是那家K公司，由于生产周期缩短到了3天，正常情况下，在出货前4天着手生产就来得及了。然而，所有的都是在出货前4天着手生产的话，每天的负荷波动很大，有时会产生很多的加班，有时会有人员空闲。因此考虑进行平均化，但如果这样的话，有的时候着手生产时间又得向前移3天。7天前着手生产的话，5天前与客户确认产品规格与交期就来不及了。如果在8天前进行确认，客户答复尚未确定的可能性将大幅增加。5天前与8天前有着很大的差异。

经过仔细调查发现，有几家客户在8天前基本上是可以确认的。根据客户的客户（最终用户）的特点，在8天前与客户进行确认，当生产负荷大的时候，客户的产品的生产可以进行前置，以使生产负荷得到平均化，在规避规格变更与交期延后的基础上，同时达到了生产顺畅的目的（图7-7）。

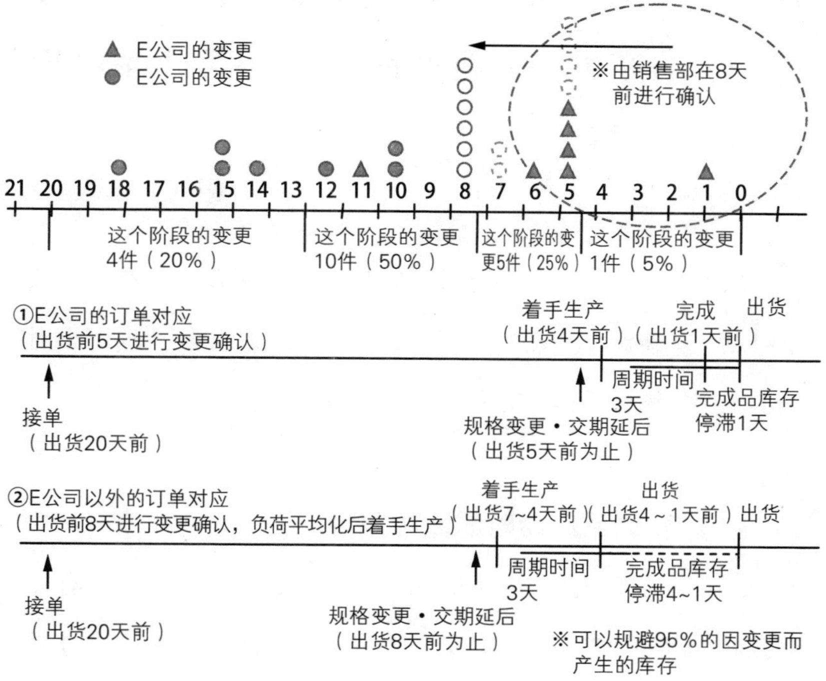

图 7-7　掌握不同客户的规格、交期确认时机，采取不同的应对方法

7-2 // 与销售协作、建立信息流，防止库存的产生——新产品启动、老产品退出的应对

除了客户的变更原因之外，容易产生死库存的还有下面两个时点。①新产品启动时，②老产品退出时。如何让这两个时点上不产生销售不出去的库存，是削减死库存非常关键的要点。

（1）新产品启动时的流程制订

新产品启动时，按销售部门预测的量进行生产，没有能够按预测销售时，往往会留下几年的库存（启动时的过量生产）。

【示例4】

M公司是通过代理店来销售的。新产品启动时，为了在代理店铺货，在销售开始前，先贮备了相当数量的库存。但不知道新产品是不是好卖。机会损失是不可接受的（有订单但没有产品可以销售的状态），死库存也会造成很大的成本，例如，做了1000台，实际上只能卖500台，实际每台的成本成倍增加的案例也不少（图7-8改善前）。

■改善前

（生产计划）

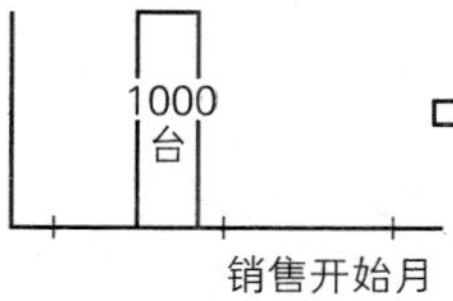

（库存计划）

销售开始上个月末
1000台
销售开始月末
0台

（销售计划）

代理店	销售开始的上个月	销售开始的下个月
A	500台	100台 / 月
B	250台	50台 / 月
C	250台	50台 / 月

（生产实绩）

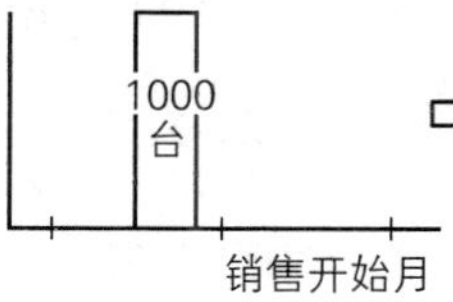

（库存实绩）

销售开始上个月末
1000台
销售开始月末
550台

（销售实绩）

代理店	销售开始的上个月	销售开始的下个月
A	250台	5台 / 月
B	100台	3台 / 月
C	100台	2台 / 月

※销售6个月后终止

■改善后

（生产计划）

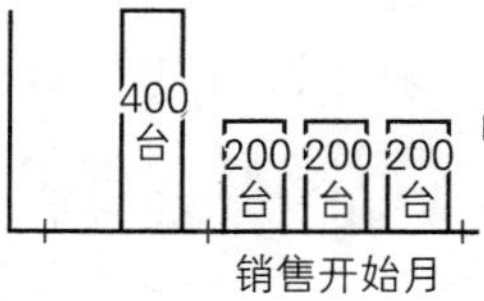

（库存计划）

销售开始上个月末
400台
销售开始月末
0台

（销售计划）

代理店	销售开始的上个月	销售开始的下个月
A	500台	100台 / 月
B	250台	50台 / 月
C	250台	50台 / 月

（生产实绩）

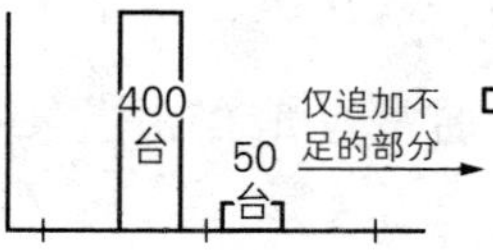

（库存实绩）

销售开始上个月末
400台
销售开始月末
0台

（销售实绩）

代理店	销售开始的上个月	销售开始的下个月
A	250台	5台 / 月
B	100台	3台 / 月
C	100台	2台 / 月

※销售6个月后终止

图 7-8　规避新产品启动时的库存风险

为了规避这个问题，可以在启动阶段采用阶段式生产。例如，预测出货为1000台，最初时按大致可销售的400台生产，根据实际的销售情况再增加生产。为了防止销量激增而导致的断货，制定了激增时的短期应对措施（增加工作时间等）。虽然紧急生产也会增加成本，但比起死库存造成的巨大损失，总是有利的。与销售部门一起判别确实好卖的、不太好卖的产品，根据其风险决定计划方式，不至于在启动的时候，生产出销售不出去的产品，这样就可以大幅削减库存了（图7-8改善后）。

（2）老产品退出时的流程制订

作为零部件生产商，当零部件所应对的产品退出（生产终止）时，其零部件的订单也就不再有了，那些剩下的就成为死库存。或许在维修中会用到，例如，每年需要10个，如果有100个库存就相当于10年的库存量了。有的时候，库存正好是客户追加订购的量，客户会来购买，但在销售政策上，是不可以强制要求客户购买的，即使客户来购买，通常也是在相当长时间之后的事。最好的对策是不让这样的库存产生。

【示例5】

部件制作商R公司在客户的产品退出后，仍保有库存。这是由于不能应对客户短交期的要求，不得不采用预测生产而经常几天保有库存。这些库存可以作为维修部件，但一年中也只能出货数个（图 7–9 改善前）。为了削减这类库存，这家公司制定了以下规则，并通过实施，成功削减了这类库存（图 7–9 改善后）。

①定期（每月 20 日）与客户确认计划退出的产品及计划退出日期。

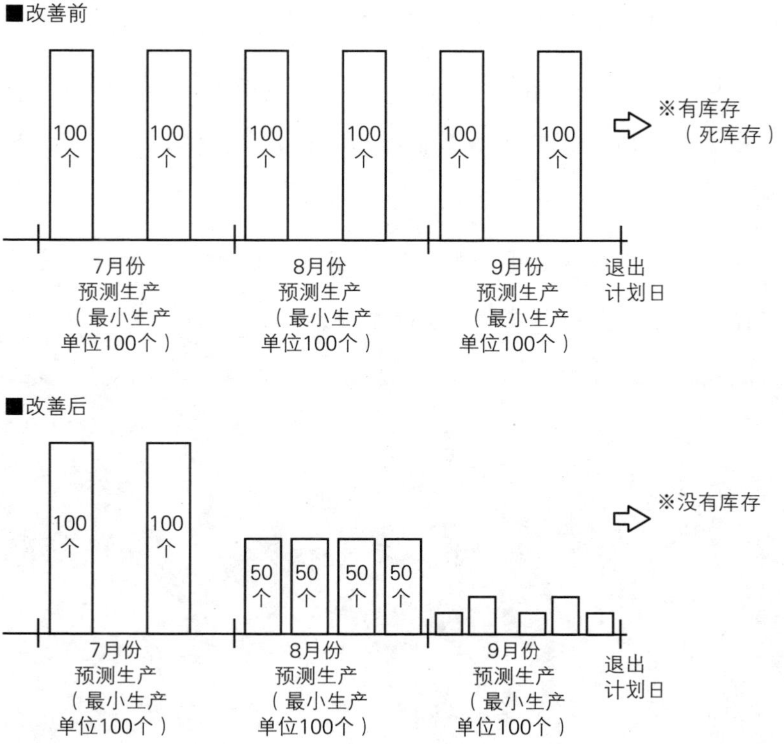

图 7–9　规避老产品退出时的库存风险

②从老产品退出计划日前的2个月开始，改变预测生产的基准（例如，采用每次减少生产数量等方法），减少库存量。虽然为了出同样数量的货，换型的次数增加了，但也是没有办法的事。

③从退出前1个月开始转为接单生产。因为生产周期长，接单后来不及生产交付时，将该产品作为特例进行运作，以缩短生产周期，应对交货（不是全部这样，只对退出的产品、在退出计划日前1个月开始，这样的应对是可行的）。

通过改变预测生产的基准、将生产方式改为接单生产等，缩短生产周期，虽然会比正常生产增加成本，但这种做法是基于这样的考虑：这样总比产生死库存好。

这也是要和销售部门联动、掌握客户的情况，分阶段地改变流动方法，是一种应对风险的手段。

7-3 // 与销售进行联动，避免成本上升——接单方法：集中接单造成流动的恶化

为了应对短交期的订单，构筑了生产周期短的生产线，但是，如果一次性大量集中接单的话，会破坏流动化。人们往往会觉得集中接单、集中生产能降低成本，但这是基于生产周期长、保有大量库存的想法。这对短交期、少库存生产模式的企业来讲，是一种麻烦。

【示例6】

S公司原来每天从5家客户那里接到大约各10台、合计50台的订单（图7-10①）。1天的最大生产能力是60台。但时不时地会从某一家客户那里一次性接到120台（12天的订单量）的订单，而且要求的交期与原来一样。60台是可以的，但另外的60台就只能延迟了。而且，对这些进行优先生产时，其他4家的40台就无法生产了，常常会出现交期延迟。好不容易把延迟的赶出来之后，生产数量又降到正常以下，人手出现了富余（等待）（图7-10②③）。这家企业为了规避这种情况，只能为E公司做了110台库存作为储备（图7-10④）。

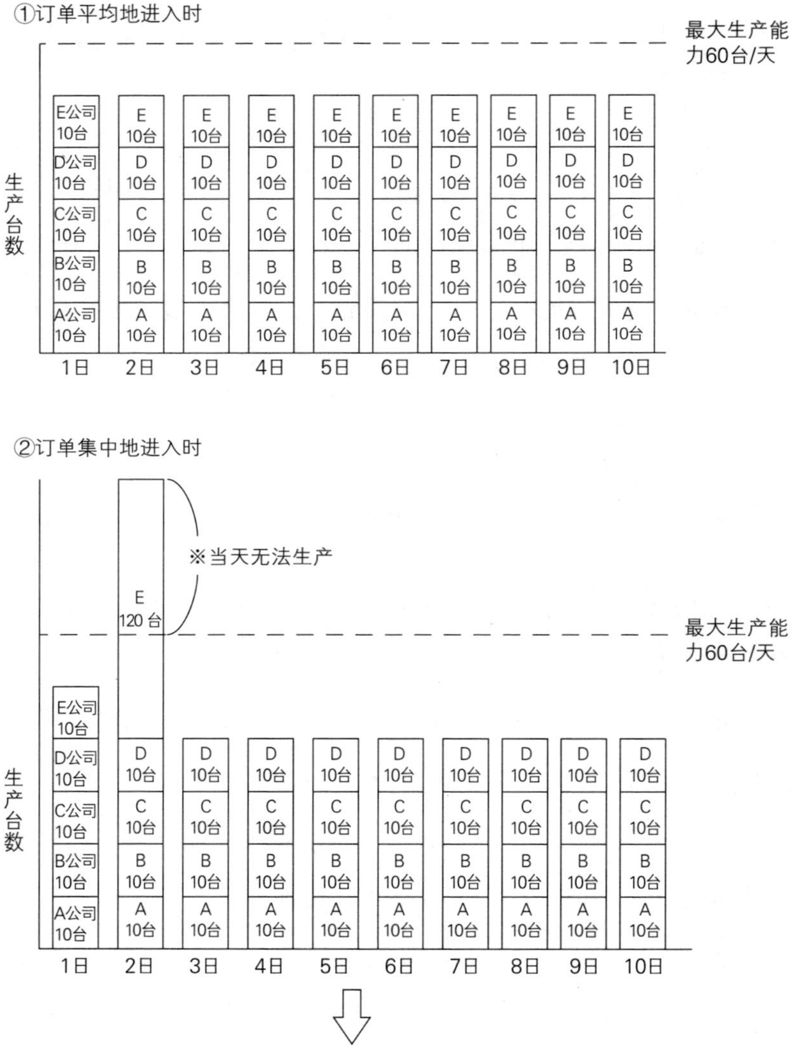

图 7-10　订单集中地进入时，无法进行短交期的生产

③生产计划修正

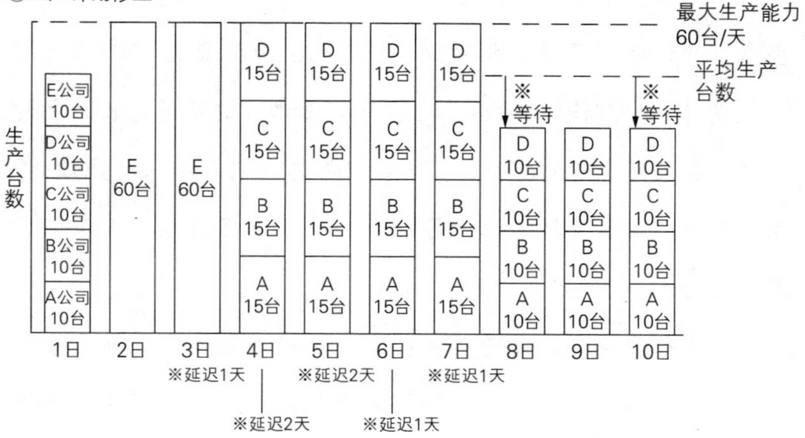

④为了避免交付延迟

※只有为E公司做好库存（库存增加）

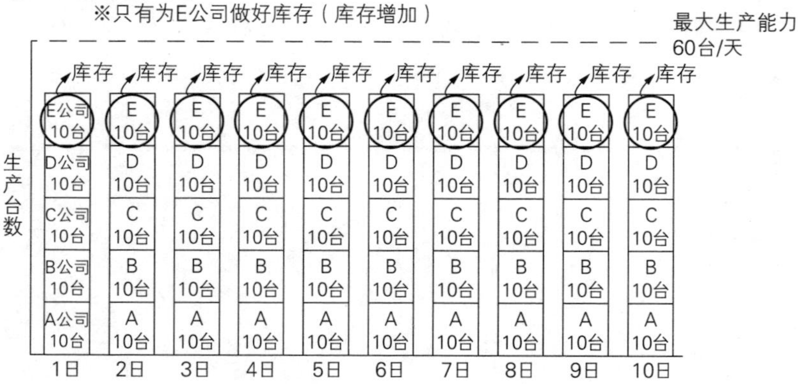

图 7-10　订单集中地进入时，无法进行短交期的生产（续）

将情况与销售部门进行了说明，设定了每次接单数量的上限值。如果接单超过了上限，就同客户协商，达成分批交付的合意，并作为一项制度来执行。如果无法分批交付（必须在同一天交付），作为特例对待，向客户提出比正常交付更长的交付周期。如果交付周期延长了，就可以将其分割再排入生产计划，这样就可以在不破坏其他公司的产品生产流程的情况下保证生产、交付了。

人们往往会有这样的错觉：销售部门如果一批一批地集中接单、这样不仅能提升销售部门的工作效率，对工厂的工作效率提升也是有利的。然而，尽量不采用集中接单，反而是不破坏流动的方法。

要向销售部门充分说明，如何接单才能维持短交期的应对。在接单时，必须考虑怎样调整，才能最大程度保证客户的满意度。

7-4 // 流动化提升销售额

如第1章所述，作为客户的工厂也好，小卖店也好，都想在没有库存的情况下也能迅速应对顾客的订单，因此要求我们能够缩短交期。在品质、价格同等的条件下，客户一般都会把订单交给交期短的供应商，甚至有不少时候，即使价格稍微贵一点，也会把订单交给交期短的一方。因此，短交期的应对是提升销售额的利器。

(1) 了解竞争对手的交期应对能力（交付为止的天数）

竞争对手与本企业销售相同的产品时，要了解其接单后多少天可以交付。本企业只要能以略少的天数交付的话，竞争获胜的可能性就会增加。如果交期能拉开一个档次，就可能获得压倒性的优势。

利用保有库存，或许可以达到上述目的，但会增加库存成本。如果要在无库存的情况下达成短交期，那么，就要实施流动化了。

(2) 了解产品的品质竞争力

了解了竞争对手的短交期应对能力后，就要和销售部门讨论，本企业的交付周期为多少天，才能战胜对手。特别要注意的是，只有本企业才能生产的有竞争力的产品与有竞争对手进行竞争的产品相比，后者的短交期应对能力提升将获得更好的效果。只有本企业能生产的产品，即使交期略微长一点，也不会有其他公司来抢夺订单（图 7-11）。

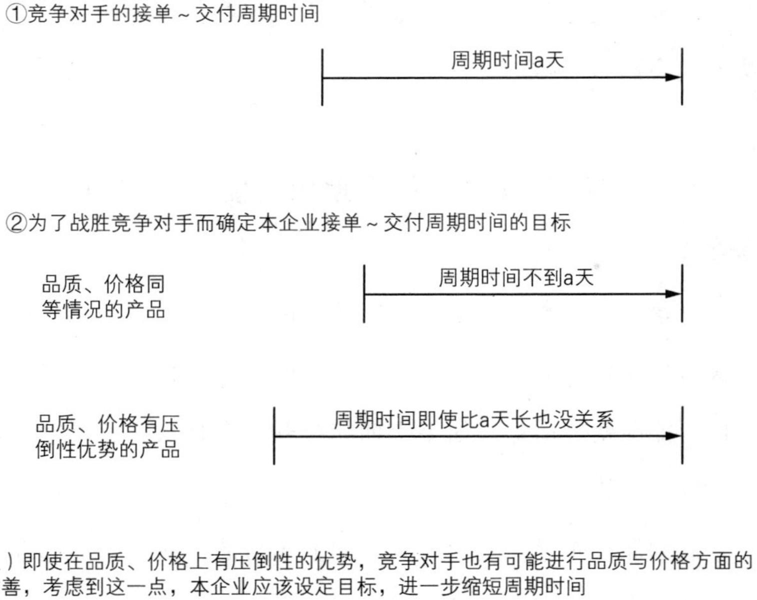

图 7-11　为战胜竞争对手而设定周期的缩短目标

针对各种产品，确定了能在竞争中获胜的目标交付天数后，就要推进流动化改善，保证按预定的天数进行生产、出货、送达。如果能在这个基础上，以更短的天数流动（图 7-12），就能进一步在短交期应对能力上以压倒性的优势战胜对手。或者维持原来的交付周期，有多余的时间就进行负荷调整，将预测下单的零部件以计划方式下单采购，以削减库存，这也是可行的办法（图 7-13）。

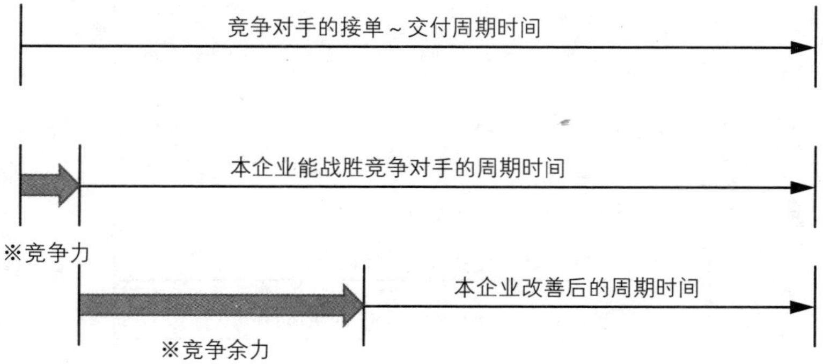

图 7-12　确保拥有周期的竞争余力

①为了考虑竞争对手周期时间缩短，本企业要进一步缩短周期时间

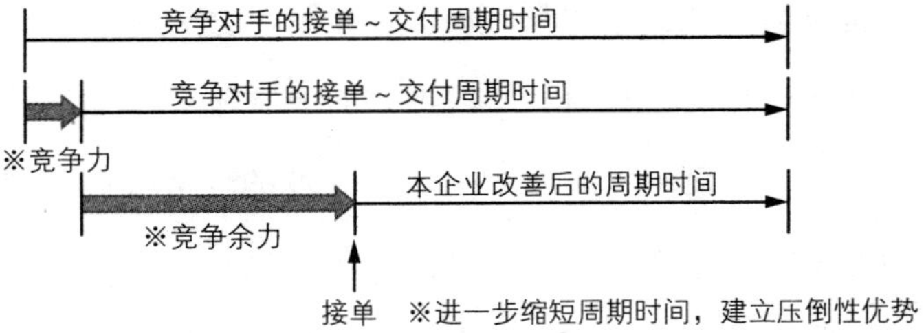

②使得可以通过前置方式来调整生产负荷

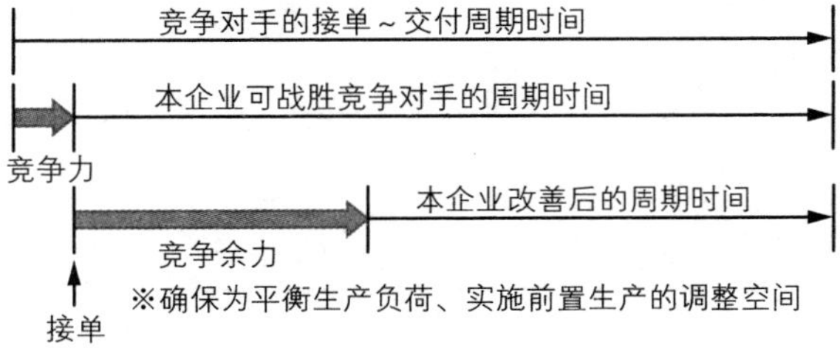

③通过进一步延后生产着手日（部件使用日），可以延长接单～部件到货的期限。这样就可以将原来的按预测下单采购部件的方式改为接单后按单采购的方式，减少部件库存

■改善前：因为是在接单前，按预测采购的，所以产生了库存

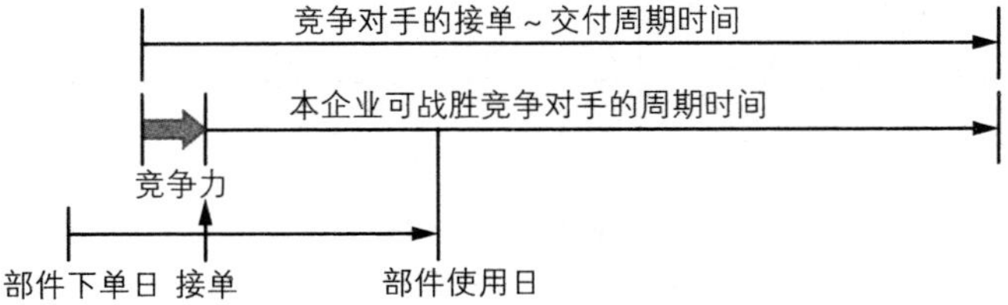

■改善后：由于接单后再下单采购部件，不发生部件库存

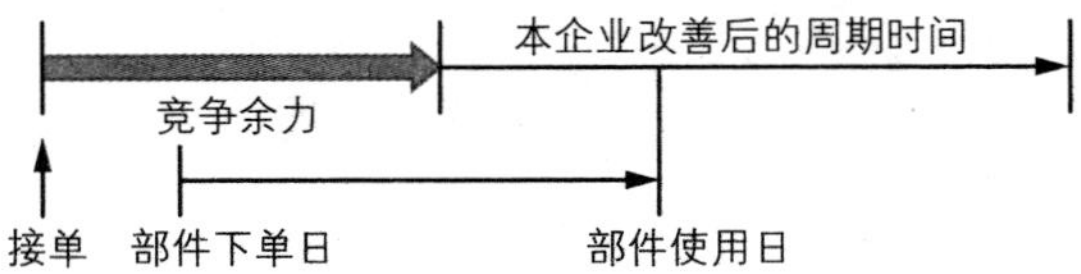

图 7-13　活用周期的竞争余力

【示例 7】

P 公司通过要求销售担当进行定期的问卷调查，要求销售工作人员进行市场调查，并且按产品种类编制了在与其他公司竞争时能够占优势的交付天数（从接单到交付的天数）设定表（表 7-1）。

工厂根据设定表，按产品种类分别制订周期的缩短目标，推进改善活动，为的是在没有库存的情况下，也能按此交期进行交付。最终，公司的产品市场份额大幅上升，甚至有部分产品在日本国内的市场占有率达到了第一位，并保持下去。

表 7-1 向销售担当进行问卷调查的结果（销售工作人员验证、修正）

产品系列名称	可战胜竞争对手的交付天数
产品X系列	4天
产品Y系列	7天
产品Z系列	15天
特定产品A型	12天
特定产品B型	30天

= 缩短周期的目标值

（2008 年上期）

【示例 8】

E 公司将与别的公司竞争激烈的产品归纳为 A 组，将与别的公司相比，有一定竞争力的产品归纳为 B 组，在编制生产计划时，优先将 A 编入。B 组产品与客户约定的交期略微长一些，能保证交付即可，在编制计划时，先将 A 组产品编入，在空的部分内填入 B 组产品的计划（表 7-2）。

表 7-2　包含产品市场竞争力的生产计划制订方式

B	B	B	B	B										
B	A	B	B	B										
B	A	B	B	B										
B	A	B	A	B		A								
A	A	B	A	B		A								
A	A	A	A	A		A	A							
A	A	A	A	A	A	A	A		A				A	
A	A	A	A	A	A	A	A		A	A		A	A	A
一	二	三	四	五	一	二	三	四	五	一	二	三	四	五
第一周					第二周					第三周				

※前一周的周五根据交期，优先制订A的计划，余下的空格内填入B的计划
※整体的计划数量（格数）根据接单数量，以周为单元进行调整

虽然不方便和客户直说，但是因为产品有竞争力，客户从其他公司购买的可能性较低。客户即使多等待一些时间，因为满意度下降而失去销售机会的可能性较小。但是，对于竞争激烈的产品，哪怕只能比竞争对手提前一天交付，也要和销售部门一起制订战胜对手的体制，这非常重要。

这个案例是和销售部门一起对产品竞争力进行评价，为了提升销售额而在生产方法上下功夫。

这里是重点!

“流动化”也是提升销售额的手段。因此，需要与销售部门紧密协作，要确认如何生产才能提高销售额，针对这样的生产方式，还要设定目标，推进改善实施。

/译后感/

目前市场上，关于精益生产（LPS）/丰田生产方式（TPS）的书籍林林总总，要找到一本好书，并不那么容易。本书以作者自己的实战案例为基础，将流动生产的复杂理论融入其中，深入浅出地进行剖析，是从事制造管理、TPS培训与辅导者不可多得的好书。

TPS最近在中国制造业尤为盛行。然而，很多企业还在观望中，因为这些企业的经营者都有一个共同的想法："精益生产是不是适合我们企业?"很多关于TPS的书籍把TPS描述成了一个"高、大、上"的管理武器。其实，TPS的目的是让企业增加利润，确立QCD（品质、成本及交期）竞争力，把"自動化""准时生产"(JIT)作为两大支柱。本书的"流动化"是对JIT的最好诠释。流动化既是JIT水平的衡量标尺，又是实现JIT的基本手段。

中国人喜欢把金钱与水相关联，把现金进出用"流水""现金流"等词语来描述。资产也只有流动才能创造利润。就如餐饮行业追求“翻台率”一样，制造企业中的物料也只有在（有效的）流动中才能增值。然而，在现实的制造管理中，许多企业在追求自动化的过程中，忽略了这一点。本人在一些内资企业辅导现场改善时发现，企业管理者更多地把目光聚焦在某个点的效率提升方面，把精力集中在某些工序的效率提升改善方面，而忽略了如何把整个制造系统作为改善对象。这样，也就无法把如何缩短整个供应链的周期作为重点了。结果就产生了大量的在制品、库存品，由此引起的交期问题、品质问题也就得不到重视。因为这些库存掩盖了大量的浪费，这些浪费得不到改善，企业的整体效率也就难以得到质的改善、提升。

本书通过大量的案例说明了要实施流动化，重点是减少停滞不动的时间。制造系统中的物料，大多数时间是处于停滞状态的。要想将物料的流动速度大幅提升，重点不是加快生产的速度，因为，生产速度只占了物料在制造系统内流动时间的不到5%，即使将生产时间降低到接近于0，也只能提升不到5%的流动速度。只有减少停顿的时间，才有可能将流动速度成倍地提高。因此，只有通过减少原材料、在制品及成品的库存，才能有效提高流动速度。提高流动的速度，也就缩短了交期，为企业在接单时创造竞争优势。单纯地减少库存、加快流动速度，会因为发生异常停止、客户需求变动等情况影响效率或失去销售机会，如何减少异常、建立应对客户需求变化的应对体制，也是改善的要点。

许多企业在推行精益生产时，开展了单元生产改善活动。这样的改善活动，很多是在咨询顾问的辅导下实施的。但是，一旦咨询团队撤出后，当有客户需求的大幅波动、新产品进入时，改善的流程就被破坏了，企业不得不回到原有的生产方式。因此，本书中指出，流动化改善是两个课题的循环：流动稳定的改善，流动加速的改善。而改善的过程包括：制订流动化的标准（周期缩短的目标）、执行标准。

读者在上述要旨的基础上，通过对本书的研读，可以加强对一个流生产、平均化生产计划、平准化生产计划的理解。

感谢东方出版社给予本人翻译这本难得的好书的机会。希望读者在研读本书的过程中有丰厚的收获。

译者：陶俊平

2019 年 3 月 4 日

/译者简介/

陶俊平，1991 年毕业于南京航空学院（现更名为：南京航空航天大学）金属材料热处理专业，在国企、日企、民营企业中从事过机械设计、人力资源、精益生产/TPS 及全盘管理工作。曾在多家日企中担任管理部长、总经理特别助理、TPS 推进责任人等职务。对 TPS 有着深刻的理解，对 TPS 相关工具有着丰富的实操经验。

现在独立从事管理顾问工作，主要以内资企业为主开展精益生产导入、现场 5S 与改善、开发流程优化、品质改善、方针与绩效管理等方面的咨询。

定价：28.00 元

定价：36.00 元

定价：30.00 元

定价：32.00 元

定价：32.00 元

定价：32.00 元

定价：38.00 元

定价：26.00 元

定价：36.00 元

定价：22.00 元

定价：32.00元

定价：36.00元

定价：36.00元

定价：36.00元

定价：38.00元

定价：28.00元

定价：38.00元

定价：36.00元

定价：38.00元

定价：36.00元

定价：36.00 元

定价：46.00 元

定价：38.00 元

定价：42.00 元

定价：49.80 元

定价：38.00 元

定价：38.00 元

定价：38.00 元

定价：45.00 元

定价：52.00 元

定价：42.00 元

定价：42.00 元

定价：48.00 元

定价：58.00 元

定价：48.00 元

定价：58.00 元

定价：58.00 元

定价：42.00 元

定价：58.00 元

定价：58.00 元

定价: 58.00 元

定价: 58.00 元

定价: 58.00 元

定价: 58.00 元

定价: 58.00 元

定价: 68.00 元

定价: 68.00 元

“精益制造”专家委员会

东方出版社
广州标杆精益企业管理有限公司

標杆精益®
BENCHMARK LEAN

人民东方出版传媒
People's Oriental Publishing & Media
東方出版社
The Oriental Press

图字：01-2019-0656 号

图书在版编目（CIP）数据

现场改善秒懂秘籍. 流动化／（日）茂木一雄 著；陶俊平 译. —北京：东方出版社，2019. 7
（精益制造；058）
ISBN 978-7-5207-1059-6

Ⅰ. ①现…　Ⅱ. ①茂… ②陶…　Ⅲ. ①企业管理—生产管理　Ⅳ. ①F273

中国版本图书馆 CIP 数据核字（2019）第 110886 号

精益制造 058：现场改善秒懂秘籍：流动化
（JINGYI ZHIZAO 058：XIANCHANG GAISHAN MIAODONG MIJI：LIUDONGHUA）

作　　者：［日］茂木一雄
译　　者：陶俊平
责任编辑：崔雁行　高琛倩
出　　版：东方出版社
发　　行：人民东方出版传媒有限公司
地　　址：北京市朝阳区西坝河北里 51 号
邮　　编：100028
印　　刷：三河市中晟雅豪印务有限公司
版　　次：2019 年 7 月第 1 版
印　　次：2019 年 7 月第 1 次印刷
开　　本：880 毫米×1230 毫米　1/32
印　　张：6. 75
字　　数：123 千字
书　　号：ISBN 978-7-5207-1059-6
定　　价：68. 00 元
发行电话：（010）85924663　85924644　85924641